Friedrich Brandt

Das FALKEN Praxisbuch zum

Waite-Tarot

FALKEN
Taschenbuch

Im FALKEN Taschenbuch sind weitere Titel zu den Themen
Kartenlegen und Schicksalsdeutung erschienen.
Sie sind überall erhältlich, wo es Bücher gibt.

Sie finden uns im Internet: **www.falken.de**

Der Text dieses Buches entspricht den Regeln der neuen deutschen Rechtschreibung.

Dieses Buch wurde auf chlorfrei gebleichtem und säurefreiem Papier gedruckt.

Originalausgabe
ISBN 3 635 60510 7

Umschlaggestaltung: Zembsch' Werkstatt, München
Redaktion: Simone Harland, Pegestorf/Vera Baschlakow
Herstellung: Bettina Christ
Satz: DM-SERVICE Mahncke & Pollmeier GmbH & Co. KG, Rodgau
Druck: Freiburger Graphische Betriebe GmbH, Freiburg

817 2635 4453 6271

Das Falken Praxisbuch zum Waite-Tarot

Inhalt

Einleitung

Viele Jahre habe ich Tarot studiert, seit vielen Jahren gebe ich inzwischen Tarot-Kurse: Entscheidend ist für mich allerdings der persönliche Nutzen des Tarot-Kartenlegens. Tarot ist mir *Spiegel, Spiel und Wegweiser.* Es hat mich durch Höhen und Tiefen, durch berufliche und private Fragen begleitet. Nicht immer haben alle Aussagen der Karten gestimmt. Doch die Tarot-Karten reden so viel und so wenig wie ein Spiegel. Die „Aussagen der Karten" – das ist das, was ich in dem Spiegel gelesen habe. Sie haben nicht immer gestimmt. Aber manchmal bin ich durch diese Fehlinterpretationen klüger geworden, als wenn alles glatt gegangen wäre.

Wenn man selbst die Karten legt und deutet, profitiert man von jeder Auslage: Wenn die Deutung in der Praxis aufgeht, findet man sich bestätigt. Geht die Deutung aber nicht auf, lernt man an sich und den Karten neue Seiten kennen. Ich glaube, dieser Prozess fasziniert mich heute, nach Jahren der Bekanntschaft mit dem Tarot sogar noch mehr als am Anfang.

Die selbstständige Symboldeutung erfordert mitunter ein gewisses Stück „Arbeit", bis das persönliche Verständnis für die Symbole gefunden ist. Aber vergleichen Sie dies einmal damit, einen Krimi zu lesen und nach dem Täter zu suchen oder mit der Lösung eines Rätsels: Das ist jedes Mal auch *Arbeit* – Sie investieren Herz, Geist und Nerven, bis die Lösung gefunden ist und fühlen sich dennoch (oder gerade deshalb?) *gut unterhalten.*

„Die selbstständige Symboldeutung gleicht der Beschäftigung mit einem Krimi, einem Rätsel, einem Gedicht", pflegt mein Tarot-Lehrer Johannes Fiebig zu erklären, wobei er hinzufügt: „... mit dem einzigen Unterschied, dass Sie selber auch darin vorkommen!"

Sie, liebe Leserin, lieber Leser, kommen in diesem Buch selbst vor, insofern Sie sich der angebotenen Legemuster und Praxistipps bedienen. Sie finden hier Handwerkszeug, das Ihren eigenen Umgang mit den Karten nicht ersetzt, sondern erleichtert und bereichert. Das ist die Idee dieses Praxisbuchs. Die Deutungen der einzelnen Karten stecken ein größeres Spektrum ab. Wer sich einfach aus Neugier einmal mit den Karten beschäftigen will, ist genauso willkommen wie einer, der tief und intensiv einsteigen will.

Die Tarot-Karten wirken wie ein Spiegel. Und sie sind auch in dem Sinne ein Spiegel, dass sie so viel geben, wie man einsetzt. Der Nutzer oder die Nutzerin der Karten bestimmt die Intensität.

Ein außergewöhnlicher Dank gilt den Autoren Evelin Bürger und Johannes Fiebig. Ohne ihre Bücher wären nicht nur generell viele Bildinhalte des Tarot noch unentdeckt. Auch für mich persönlich wäre ohne ihre Deutungen ein wichtiges persönliches Rätsel ungelöst geblieben. Besonders dankbar aber bin ich für die Erlaubnis, Seminare und Vorträge von Johannes Fiebig auf Kassette mitzuschneiden und im Rahmen des vorliegenden Buches zu verwenden.

Sie, liebe Leserin, lieber Leser, können dieses Praxisbuch nun von der ersten bis zur letzten Seite lesen oder durcharbeiten. Sie können sich anhand des ausführlichen Inhaltsverzeichnisses jedoch auch einzelne Abschnitte herausgreifen.

Sie finden Praxistipps, die sich besonders an Tarot-Neulinge richten, und solche, die besonders den Fortgeschrittenen gewidmet sind.

Für alle Tarot-Freunde aber gilt das Motto:

Viel Freude mit Tarot!

F. B.

Tarot heute

Noch nie haben sich so viele Menschen wie heute die Tarot-Karten gelegt. Die Zahl der Praktizierenden geht in die Millionen. Und noch nie zuvor geschah dies auf die heute übliche Art, die eben nicht mit der alten Wahrsagerei, sondern viel eher mit der modernen Traumdeutung, mit Techniken der Selbsterfahrung und der Lebens-Kunst („Der Weg des Künstlers“) zu vergleichen ist.

Beide Faktoren hängen übrigens miteinander zusammen: Ohne den Abschied vom abergläubischen, orakelhaften Gebrauch des Tarot hätten die 78 Bildkarten in der heutigen Zeit nicht mehr eine derart flächendeckende Verbreitung finden können. Und: Durch die massenhafte Beschäftigung mit den Tarot-Karten haben die alten Schablonen und Schubladen einer rezeptbuchartigen Karteninterpretation ausgedient: Ohne individuelle Komponente geht es nicht mehr.

Tarot als Spiel und als Selbsterfahrung

Viele „Decks“ (wie man einen Satz Karten auch nennt) wurden in der Zeit ab Ende der 60er-Jahre gedruckt. In den 70er-Jahren war es besonders die *Frauenbewegung* im deutschsprachigen Raum und in Nordamerika, die für eine rasche Verbreitung der Tarot-Karten sorgte. Aus dieser Zeit der Frauenbewegung stammt auch der Begriff, der zum Kennzeichen für das heutige, das selbstständige Tarot-Kartenlegen geworden ist: Tarot-Karten als Spiegel! Spätestens seitdem ist die lange Tarot-Geschichte um ein neues Kapitel reicher.

Ein Bild lässt sich nicht einfach durch Definitionen ausschöpfen. Die Begegnung mit einem Bild ist jeweils auch eine subjektive, persönliche und situationsbezogene Angelegenheit! Dieses mehr oder weniger unmittelbare Erlebnis der eigenen Anschauungen und Betroffenheiten – jenseits im Vorfeld festgelegter Begriffe und Bewertungen – hat unzählige Menschen am Tarot fasziniert und wird sie auch weiterhin beflügeln.

Etwa seit Mitte der 80er-Jahre erschienen Tarot-Bücher und Zeitschriften in großer Zahl. In Filmen, Musikstücken, im Theater genauso wie in zeitgenössischer Grafik finden sich seitdem häufig Tarot-Motive wieder. In der Beratungspraxis, in Therapien oder in der schulischen Beratung werden Tarot-Karten zur Gesprächseröffnung und/oder zur Therapiebegleitung eingesetzt. Romane handeln von und spielen mit Tarot-Motiven. Museen,

Galerien und private Institutionen veranstalten Tarot-Ausstellungen. Vieles ließe sich noch anführen – kurz, seit bald 20 Jahren ist Tarot zu einem Teil der Alltagskultur geworden.

Millionen Menschen sind allein durch bekannte Fernsehserien und große Zeitschriften mit dem Thema Tarot in Berührung gekommen; ständig erscheinen weitere Artikel zum Thema. Das schließt aber nicht aus, dass es auch hierzulande Menschen gibt, die das Wort „Tarot“ bisher noch nicht kennen.

Das Waite-Tarot

Insgesamt existieren rund eintausend Tarot-Sorten auf der Welt. Davon sind etwa vierhundert im Handel erhältlich. An der Spitze aller Tarot-Decks liegt – sowohl im deutschsprachigen Raum wie auch weltweit – das *Waite-Tarot,* auch Rider- oder Rider-Waite-Tarot genannt.

Von den rund eintausend Tarot-Varianten ist etwa die Hälfte historisches Gut. Das klassische „Tarot de Marseille“ existiert in vielen Versionen. Die andere Hälfte besteht aus Neuschöpfungen, besonders seit den angesprochenen Hippie-Zeiten. Bekannte und unbekannte Künstler haben sich an den Tarot-Karten versucht.

Eine Sonderstellung in der gesamten Tarot-Welt nimmt das *Waite-Tarot* ein. Es wurde von Herrn Arthur E. Waite und Frau Pamela Colman Smith konzipiert und erschien 1909/10 im Londoner Verlag Rider. Mit ihrem Deck haben P. C. Smith und A. E. Waite zum erstenmal in der Tarot-Geschichte *Bildszenen* für die meisten Tarot-Karten geschaffen. Bei 56 der 78 Karten, nämlich den so genannten Kleinen Karten oder „Kleinen Arkana“ (kleinen Geheimnissen) dominierten bis dahin nur ornamentale Strukturen; auf einer Karte wie „Drei Kelche“ waren schlicht und ergreifend auch nur drei Kelche als solche abgebildet, nicht mehr.

Heute ist das Waite-Tarot nicht nur das mit Abstand populärste Tarot-Spiel überhaupt. Es stellt die Grundlage des neuen Tarot-Kartenlegens, wie es sich in den letzten Jahren und Jahrzehnten entwickelt hat, gleichsam den „Archetyp“ des heutigen Tarot dar. Es gibt kein Tarot-Spiel, das in diesem Jahrhundert entstanden ist, bei dem das Waite-Tarot nicht in irgendeiner Weise, direkt oder indirekt als Bezugspunkt vorhanden gewesen wären.

Entweder bleiben Sie also beim Waite-Tarot oder Sie suchen sich ein anderes Tarot-Deck aus, das Ihrem persönlichen Geschmack entspricht, und benutzen daneben das Waite-Tarot zum Vergleich und zur Abrundung.

Große und kleine „Geheimnisse“

Eigentlich alle Tarot-Sorten haben eines gemeinsam: Jedesmal sind es 78 Karten mit 78 bestimmten Stationen und Themen. 78 Karten müssen es sein, damit es sich tatsächlich um Tarot handelt. Welches sind diese typischen *Tarot-Stationen?*

Innerhalb in der Symbolik des Tarot unterscheiden sich vor allem zwei Gruppen von Karten: Große und Kleine Arkana (lateinisch „Geheimnisse“). Wir begegnen *großen Stationen* des Lebens – wie „Liebe“, „Tod“ und „Teufel“, dem „Gericht“ und der „Welt“ oder dem „Universum“, genauso wie dem „Narr“, dem „Eremit“, dem „Magier“ und anderen mehr. Daneben zahlreichen *kleinen Stationen* des Alltags, die in Gestalt der Symbolreihen der Stäbe, Kelche, Schwerter und Münzen auftreten, welche einerseits den vier Farbreihen der bekannten Kartenspiele und andererseits den vier Elementen entsprechen.

Auf den 78 Spielkarten sind 22 Stationen der „Großen Reise“ und die je 14 Stationen der vier Farbreihen oder „Kleinen Reisen“ dargestellt. Man spricht auch von den 22 „Großen“ und den 56 „Kleinen“ Karten oder Arkana. Die „Großen Karten“ erkennt man im Waite-Tarot daran, dass nur auf ihnen am Kopf des Bildes eine Zahl und am Fuß ein Titel zu sehen sind.

Die 56 Kleinen Arkana teilen sich, wie erwähnt, auf die vier Symbolreihen auf. Innerhalb der Kleinen Arkana unterscheidet man weiterhin nach *Hofkarten* und *Zahlenkarten.* Hofkarten sind Königin, König, Ritter und Page (Bube). Zahlenkarten sind die bezifferten Stab-, Kelch-, Schwert- oder Münzen-Karten, also die „Kleinen“ Karten von 1 (As) bis 10.

Selbst Tarot legen

Das Faszinierende ist, dass das Tarot-Kartenlegen *funktioniert:* Dass es zu Antworten und Einsichten führt, welche genauso zu bedenken und zu prüfen sind, wie alle sonstigen persönlichen Erkenntnisse auch. Nur, dass sich hier oftmals eine völlig überraschende und unbekannte Logik offenbart, die so fremd und doch so vertraut erscheint, wie es auch bei Träumen oft der Fall ist. Nicht selten gewinnt man sogar den Eindruck, als würde diese Logik, die scheinbar aus den Karten spricht, einen besser kennen als man selbst.

Diese oft so verblüffende Wirkungsweise des Tarot-Kartenlegens müssen Sie selbst ausprobieren! Sie ist auf der einen Seite völlig real; man hat buchstäblich die Karten selbst in der Hand. Zugleich ist das, was man dabei erlebt, oftmals auf eine wunderbare und zauberhafte Weise den vertrauten Begriffen enthoben.

Man muss es also selber entdecken, dann behält und entwickelt Tarot seine Kraft und seinen Zauber. „Zum Kartenlegen brauchst du Mut", erklärte Luisa Francia, „den Mut, die Karten als das zu sehen, was sie in dir auslösen."

Wenn man das heutige Tarot-Kartenlegen noch gar nicht kennt, kann man sich am besten durch einen Vergleich mit der Traumdeutung einen Begriff davon machen, was dabei geschieht. Wir ziehen Karten und erhalten damit Bilder und Symbole, mit denen wir uns in ähnlicher Weise beschäftigen können wie mit den Bildern und Symbolen aus unseren Träumen.

Und wie bei der Traumdeutung, so ist auch beim heutigen Tarot-Kartenlegen eine große Spannbreite der Anwendung zu verzeichnen. Sie reicht vom neugierigen Ausprobieren und dem Unterhaltungseffekt bis hin zu seriösen psychologischen Anwendungen und spirituellen Erfahrungen. Man muss sich dem Tarot nur öffnen.

So beginnen Sie bestens

Die Tageskarte

Diese wird in der Regel ohne eine spezielle Fragestellung gezogen. Sie stellt ein Tagesthema für Sie da. Eine Station des Tarot, eine bestimmte Symbolik oder Thematik wird damit wie durch ein Vergrößerungsglas für den betreffenden Tag besonders hervorgehoben.

Die ideale Übung für *Neulinge:* Wenn Sie täglich eine Karte ziehen, dann wachsen Sie Stück für Stück in die Bilderwelt des Tarot hinein. Sie lernen die einzelnen Tarot-Karten nicht nur theoretisch oder „aus dem Buch" kennen, sondern immer zugleich auch in Verbindung mit Ihrem eigenen Erleben.

Auch für *Fortgeschrittene* ist und bleibt die Tageskarte eine der wichtigsten Übungen, weil das Wechselspiel wandelnder Sichtweisen für die einzelnen Karten und die Detailsymbole besonders deutlich wird, wenn Sie sich kontinuierlich mit Tarot beschäftigen. Wie in der Traumdeutung, wo Traumserien von größerem Interesse sind als gelegentliche Einzelträume, werden viele Aspekte der Selbsterfahrung auch im Tarot deutlich, wenn Sie sich mehr oder weniger regelmäßig damit beschäftigen. Dies wird insbesondere durch die *Tageskarte* gewährleistet.

Die Tageskarte ist auch eine praktikable Übung. Sie braucht im Schnitt nur wenige Minuten am Tag (was nicht ausschließt, dass man die Tageskarte manchmal nur im Vorübergehen zieht, während man an anderen Tagen durchaus längere Zeit braucht, im Tagesverlauf wieder und wieder auf die betreffende Karte schaut, sodass es richtig in einem arbeitet, bis die Tageskarte geklärt und „verdaut“ ist).

Zum Mischen und zur Art des Ziehens der Tageskarte gibt es dabei keine zwingenden Vorschriften. Der eine fächert mit großer Sorgfalt und persönlicher Andacht alle 78 Karten zum Kreis oder zum Halbkreis auf, andere ziehen blitzschnell morgens, vor dem Weg zur Arbeit, eine Tageskarte. Jede Umgangsart ist gut und geeignet, wenn sie Ihrer persönlichen Verfassung entspricht und Ihre persönliche Beschäftigung mit dem Tarot fördert.

Übungen für Neulinge

Die Lieblingskarte

Diese Karte wird nicht gezogen, sondern ausgesucht. Welche Karte finden sie am schönsten? Welche Karte ist im Moment Ihr „Liebling“?

Eine Lieblingskarte herauszusuchen, zum ersten Mal und wiederholt von Zeit zu Zeit, macht Spaß. Zusätzlich hat diese Übung aber auch einen tieferen Sinn: Man achtet darauf, welche Wünsche und Interessen im jeweiligen Augenblick im Brennpunkt stehen. Diese Fragestellung, nämlich die genauere Berücksichtigung der persönlichen Wünsche (und Ängste), stellt so etwas wie den roten Faden der selbstständigen Beschäftigung mit Tarot dar.

Die Persönlichkeitskarte

In den letzten Jahren ist es wieder Mode geworden, aus dem persönlichen Geburtsdatum die Persönlichkeitskarte zu errechnen.

Wie wird die *Persönlichkeitskarte* ausgerechnet?

Dazu wird aus den Ziffern Ihres Geburtsdatums die Quersumme gebildet. Ein Beispiel: Der 8. 9. 1963 ergibt: 8 + 9 + 1 + 9 + 6 + 3 = 36. Liegt diese Summe bei einer Zahl zwischen 1 und 21, so ist die Große Karte aus Ihrem Spiel, die die gleiche Zahl trägt, die zugehörige Persönlichkeitskarte. *(Große Karten* erkennt man an Ziffer *und* Untertitel.) Ist zum Beispiel die Quersumme = 19, so ist die Persönlichkeitskarte *XIX – Die Sonne.*

Beträgt die errechnete Quersumme 22, so gilt die 22. Große Karte – das ist *Der Narr* – als betreffende Persönlichkeitskarte.

Liegt die Quersumme jedoch, wie im obigen Beispiel, bei 23 oder höher, so müssen Sie aus der errechneten Quersumme noch einmal die Quersumme ziehen. Zum Beispiel ergibt dann 36 als weitere Quersumme 3 + 6 = 9; die Große Karte mit der gleichen Ziffer ist nun die zutreffende Persönlichkeitskarte, in diesem Beispiel *IX – Der Eremit.*

Varianten der Persönlichkeitskarte

Manche Autoren unterscheiden zusätzlich zwischen Persönlichkeits- und Wesenskarte. Ergibt die Quersumme aus dem Geburtsdatum zum Beispiel 14, so ist die Große Karte mit der gleichen Ziffer die Persönlichkeitskarte (in diesem Beispiel XIV – *Mäßigkeit).* Zieht man daraus noch ein weiteres Mal die Quersumme, so ergibt sich die Wesenskarte (in diesem Beispiel die Quersumme aus 14, gleich 5, und entsprechend die Karte V – *Der Hierophant).* Diese Unterscheidung nach Persönlichkeits- und Wesenskarte ist jedoch nicht in allen Fällen anwendbar. Denn manchmal liegt die erste errechnete Quersumme aus dem Geburtsdatum bereits unter 10 oder über 22. In diesem Fall gibt es die Unterscheidungsmöglichkeit nicht. Dann sind Persönlichkeits- und Wesenskarte identisch.

Schließlich können Sie noch dieselbe Berechnung vornehmen und dabei nicht Ihr Geburtsjahr, sondern das laufende Jahr einsetzen. Sie errechnen dann nach dem obigen Muster die Quersumme aus dem Datum Ihres Geburtstages im laufenden Jahr und erhalten somit Ihre persönliche *Jahreskarte.*

Die Tarot-Auslage

Benutzen Sie die 78 Karten des Tarot-Spiels. Die Sitte, nur 22 Karten zu verwenden, stammt aus der Zeit von vor 1910, als für nur 22 Karten (die Großen Arkana) Bilder existierten. Heute ist die Beschränkung nicht mehr sinnvoll.

Überlegen Sie sich Ihre Frage, die Sie nun an die Tarot-Karten richten möchten. Für die Art der Fragen gibt es keine zwingenden Gebote und Verbote. „Geh, wohin dein Herz dich trägt“: Finden Sie heraus, welche Frage Sie gegenwärtig am meisten beschäftigt. Und richten Sie diese an die Tarot-Karten.

Die Karten wirken wie ein Spiegel. Für andere kann man einfach nicht in den Spiegel schauen. Sie können zwar Fragen über zweite und dritte Personen stellen. Die Antwort der Karten schließt dabei stets Ihr Verständnis von und Ihr Verhältnis zu diesen Personen mit ein. Aber auch wenn Sie Fragen über andere Personen stellen, sind die gezogenen Karten dennoch ein Spiegel für Sie. Wenn es um andere Personen gehen soll, müssen diese jeweils selbst die Karten ziehen!

Mischen Sie die Karten, wie Sie es gewohnt sind. Alle verpflichtenden Vorschriften (Kartenziehen mit der linken Hand, Mischen durch Rühren auf dem Tisch usw.) sind überholt. Geben Sie sich selber einen passenden Rahmen oder ein Ritual für das Kartenlegen (wenn Sie möchten). Aber seien Sie kritisch, wenn Ihnen jemand bestimmte Verhaltensregeln für das Tarot-Kartenlegen vorschreiben sollte. Das deutet auf Manipulation oder zumindest auf Ahnungslosigkeit desjenigen hin, der solche Vorschriften aufstellt.

Legen Sie nach einem Legemuster aus, das Sie zuvor ausgewählt haben. Sie können dazu Legemuster aus der Literatur benutzen, aber auch eigene entwerfen (vor einer Kartenbefragung).

Ziehen Sie die Karten, wie Sie es gewohnt sind. Legen Sie sie verdeckt in Form des Legemusters vor sich hin.

Die Karten werden im Normalfall einzeln aufgedeckt. Erst wenn die Betrachtung und Interpretation einer Karte beendet ist, soll die nächste Karte aufgedeckt werden.

Alles, was während einer Kartenbefragung geschieht, kann zum Inhalt der gesuchten Antwort gehören. Anders gesagt: Die Deutung einer Karte spielt sich nicht nur in Ihrem Innern ab, sondern auch in dem und durch das, was um Sie herum geschieht!

Die Antwort auf Ihre Frage geben *alle* Karten einer Auslage zusammen.

Handwerkszeug für die selbstständige Deutung

Stäbe, Kelche, Schwerter und Münzen

Diese Symbole sind von großer Bedeutung für das Tarot. Die Kleinen Karten (oder „Kleine Arkana“) sind jeweils von einem dieser Symbole geprägt. Doch auch auf den Großen Karten (den „Großen Arkana“) finden Sie diese vier Farbreihen wieder, zum Beispiel in den Bildern der Karte *I – Der Magier.* Darin sind sogar alle vier dieser Symbole – Stab, Kelch, Schwert und Münze – enthalten.

Die Bedeutung dieser vier wichtigen Symbolreihen setzt sich aus *zwei unterschiedlichen Komponenten* zusammen. Beide sind gleich wichtig und müssen zusammenkommen, wenn die Deutung einer Karte stimmen soll. Das heißt auch, dass die eine Komponente sich nicht durch die andere ersetzen lässt.

Der eine Teil besteht in Ihrer persönlichen Art der Betroffenheit bei der gezogenen Karte. Ihre Assoziationen, Ihre Einfälle, Ihre spontanen Gedanken beim ersten Betrachten der Karte – all dies bildet die persönliche Komponente.

Lassen Sie also Ihren Gefühlen und Gedanken freien Lauf. Für Ihr persönliches Verständnis und für die Botschaft, die die Karten Ihnen persönlich mitzuteilen haben, ist diese Seite der persönlichen Wahrnehmung und Einfälle absolut unverzichtbar.

Einige Stichworte als Beispiel für mögliche Ideen und Deutungen zu den vier Farbreihen:

Stäbe: Phallus-Symbol, Hexenbesen, Sprössling, Wurzel, Knüppel, Brennmaterial, Baustoff, „Knüppel aus dem Sack", Trommelstock, Zeigestab, Billardstock, Golfschläger, Tennisschläger, Kerze, Rakete, Blitz.

Kelche: Pokale, Trophäen, der Gral, der weibliche Schoß, Quelle, Mündung, das Wasser des Lebens, Jungbrunnen, der „zerbrochene Krug", Taufe, Tränen, Trinken, Trunkenheit oder auf dem Trockenen sitzen, das Wasser bis zum Halse stehen haben, untertauchen, abtauchen, baden gehen, sich freischwimmen.

Schwerter: Kriegswerkzeug, „Schwerter zu Pflugscharen", Zeichen der Ritterlichkeit, der Freiheit, der Selbstständigkeit und der Mündigkeit, Inbegriff der Urteilskraft und damit der Entscheidungs- und der Bewusstseinsfähigkeit.

Münzen: Alles Materielle und Finanzielle, Geld und „Talent", Schwingungen, Drehungen, Bewegung, Materie als Energie, etwas bearbeiten, prägen und geprägt werden, Reichtum und Armut, Arbeit und Ernte.

Zur Anregung weiterer Ideen und Einfälle können folgende Begriffe nützlich sein:

Stäbe – Triebe und Taten
Kelche – Gefühle und Bedürfnisse
Schwerter – Waffen des Geistes
Münzen – Werte und Talente

Anmerkung zu den *Talenten:* Das Talent war in biblischen Zeiten ein Geldstück. Taler und Dollar stammen von diesem Wort ab. Wenn Sie sich also Talent für die Münzen merken, ist der finanzielle Aspekt darin eingeschlossen. Zusätzlich handeln die Münzen von materiellen Prägungen („Wie bin ich geprägt worden? Was will ich prägen?“), sodass die übertragene Bedeutung von Talent – Begabung und Aufgabe – hier ebenfalls bezeichnend ist.

Die vier Elemente

Nach der persönlichen Komponente gehört als Zweites die Kenntnis der *vier Elemente* zur Bedeutung der vier Farbreihen. Die Vorstellung von den vier Grundelementen Feuer, Wasser, Luft und Erde geht bis in das Altertum zurück und liefert ebenfalls einen Erklärungshintergrund für die heutige Bedeutung der Stäbe, Kelche, Schwerter, Münzen.

Die Vorstellung von den *vier Elementen* hat auf das abendländische Denken einen großen Einfluss gehabt. Wir treffen die vier Elemente daher nicht nur hier, im Tarot, oder in der Astrologie an. Wir treffen sie wieder in den vier Jahreszeiten, den vier Himmelsrichtungen, den vier Temperamenten usw. Teilweise haben die vier Elemente universelle Bedeutung erlangt, wie im Kreuzzeichen oder dem mathematischen Koordinatensystem.

Auf psychologischem Gebiet liegt den vier Elementen die Vorstellung zugrunde, dass die Kenntnis der vier Elemente notwendig und hinreichend ist, um Verhaltens- und Charaktertypen zu bestimmen. Die vier Elemente sind einer Windrose vergleichbar. Sie erlauben es, Merkmale der seelischen Landkarte zu bestimmen.

Die vier Elemente und die vier Farbreihen im Tarot

Als Farbreihe wird ein Satz Karten bezeichnet, der durch das gleiche Symbol gekennzeichnet ist, zum Beispiel durch einen Stab oder mehrere Stäbe.

Seit rund 200 Jahren gibt es „Deutungsliteratur“ zu Tarot-Karten. In dieser Zeit hat sich folgende Zuordnung eingebürgert, die auch von fast allen Tarot-Autoren geteilt wird:

Feuer – Stäbe
Wasser – Kelche
Luft – Schwerter
Erde – Münzen

Nähere Hinweise zur Bedeutung der vier Elemente in den Farbreihen des Tarot finden Sie auf den Seiten 89, 119, 149 und 179.

Mehr Handwerkszeug

Doppeldeutung jeder Karte

Eines der markantesten Beispiele ist das *Doppelgesicht* der kleinen Frau im Bild der *sechs Kelche* (vgl. Seite 138).

Die kleine Frau nimmt eine doppelte Haltung ein. Einerseits schaut sie weg (das Gelbe ist dann ihr Gesicht, links und rechts umgeben vom rot-orangen Kopftuch). Andererseits sieht sie zu dem Männlein hin (das Gelbe ist jetzt ihr Zopf, links davon ihr Gesicht und rechts davon ihr Kopftuch). Beide Blickrichtungen sind hier wichtig. Meistens fällt uns jedoch nur eine Blickrichtung bei dieser Karte auf, entweder die zugewandte oder die abgewandte.

Jede Tarot-Karte kann als ein Vexierbild verstanden werden, das unterschiedliche Ansichten präsentiert. Ausnahmslos jede Karte stellt ein solches Wandelbild dar. Achten Sie darauf, ob Sie für jede Karte „positive" und „negative" Sichtweisen erkennen.

Zur Symbolik der Hofkarten

Die Hofkarten vertreten jeweils das ganze Potenzial des betreffenden Elements. Gleichgültig, ob Königin oder Ritter, jede Hofkarte stellt eine entwickelte Persönlichkeit dar. Als Spiegel für den Betrachter oder die Betrachterin – als Ebenbild oder als Leitbild.

Zusätzlich unterscheiden sich die Hofkarten in ihren Charakteren:
Königin: grundlegend, beginnend
König: gründlich, festigend
Ritter: schlussfolgernd, verändernd
Page/Bube: spielerisch, erprobend
Verbreitet ist auch die folgende Zuordnung:
Königin: das Wasser für das betreffende Element
König: die Luft für das betreffende Element
Ritter: das Feuer für das betreffende Element
Page/Bube: die Erde für das betreffende Element

Zur Symbolik der Zahlen

Im Unterschied zu älteren Vorstellungen besitzen die Zahlen heute keine allgemein gültigen *inhaltlichen* Bedeutungen mehr. Zahlenmystik und Numerologie sind inzwischen so überholt, wie das unselbstständige Kartenlegen, bei dem jemand *für* andere die Karten legt. Verbindlich und zuverlässig bei Zahlen ist allein der Funktionswert, wie wir ihn zum Beispiel bei der Berechnung der Quersummenkarten benutzen. (Siehe dazu die unten folgenden *Übungen für Fortgeschrittene.*)

Zur Symbolik der Farben

Weiß – Anfangszustand (wie ein unbeschriebenes Blatt) oder Vollendung und Heilung; Blendung durch den Geist (Animus) oder geistiges Neuland.

Grau – unbewusster Zustand oder bewusste Gleich-Gültigkeit, d.h. Gleichwertigkeit oder Vorurteilslosigkeit. Die „Farbe" des Schattens oder der bewussten Neutralität.

Schwarz – das Unbekannte, das Innere der Erde oder eines Sachverhaltes, „black box", schwarzer Schatten (Anima), Seelenfinsternis oder seelisches Neuland.

Rot – Herz, Gemüt, Wille, Triebkraft, Lebensenergie.

Gelb – Sonne, Bewusstsein, Lebensfreude; Neid, geistige Dissonanz.

Blau – doppelter Gebrauch: Einerseits Blau als Himmel (und Grün als Wasser); andererseits Blau als Farbe des Himmels und des Wassers. Spiritualität.

Grün – im obigen Sinne: Wasser. Sonst: Frisch, jung, verheißungsvoll, unerfahren, unreif.

Dunkelgrün – vegetativ.

Braun – natur- und erdverbunden, bodenständig, geerdet, vegetativ.

Violett – Grenzerfahrung; Mischung aus Blau und Rot.

Zur Art der Frage

Wie zum Mischen der Karten, so gibt es auch zur Art der Frage, die Sie bei einer Auslage an die Karten richten, keine zwingenden Vorschriften. Diversen Maßregeln, die heute immer noch in einigen Tarot-Büchern zu finden sind (man dürfe nicht für sich selbst oder nicht für nahe Angehörige die Karten legen, man dürfe keine Ja- und Nein-Fragen stellen, man solle nur Fragen für einen mittleren Zeitraum von einigen Monaten formulieren, usw.) sind heute überholt. Sie stammen, wie diverse andere Vorschriften (man dürfe die Karten nicht verleihen, man müsse sie ausräuchern, man dürfe sie nicht kaufen, sondern nur geschenkt bekommen, man müsse bei einer Auslage immer ein Samttuch unter sie legen, usw.), aus der traditionellen Wahrsagerei und sind heute ohne Bedeutung.

Alles, was Ihnen am Herzen liegt, können und sollen Sie in eine Frage kleiden und diese an die Karten richten. Es können also sehr bestimmte Fragen, ein spezielles Thema betreffend sein, außerdem allgemeinere Fragen (z.B. „Was muss ich beachten, wenn ich…“ oder „Womit kann ich oder muss ich rechnen, wenn das und das geschieht…“): Schließlich können es auch ganz offene, weit gefasste Fragestellungen sein, zum Beispiel wenn Sie Aufschluss über eine momentane Lage gewinnen wollen.

Anonymität und Intimität

Wenn Sie mit anderen Personen zusammen Tarot-Karten legen, so kann der oder die Fragende die eigene Frage den anderen mitteilen oder auch für sich behalten. Beides hat seinen Vorteil:

Ist die Frage bekannt, so kann man sich bei der Deutung der Bilder auf die bekannte Frage beziehen.

Bleibt die Frage anonym, so bringt dies den Vorteil mit sich – besonders bei Leuten, die sich ohnehin schon gut kennen –, dass man, statt eines bloßen Meinungsaustausches auf Basis des gegenseitigen Kennens, noch stärker dazu angehalten wird, die Bilder und Symbole auf neue Antworten hin zu untersuchen.

Umgekehrte Lage der Karten

In der Wahrsagerei und in Teilen der älteren Esoterik war oder ist eine strikte Unterscheidung nach aufrechter und umgekehrter Position der Karten üblich. Dabei verkörperte die aufrechte Lage in der Regel eine positive Bedeutung, die umgekehrte Postion eine negative. Diese schematische Trennung ist heute zu eng und starr geworden.

Für jedes Bild gehen wir davon aus, dass es positive und negative Bedeutungen besitzt. Fast immer empfiehlt es sich, die Karte so zu wenden oder den eigenen Betrachterstandpunkt so zu wählen, dass Sie das Bild aufrecht sehen, gleichgültig, in welcher Lage es beim Aufdecken erscheint.

Und stets bleibt es wichtig, bei der Deutung nach allen Seiten offen und aufmerksam zu sein, ja, jedes Bild einen Moment lang zu betrachten, *ohne es* sogleich *zu bewerten!*

Die Quersummenkarte oder Quintessenz

Wenn Sie mehrere Karten auslegen, ergibt sich die Antwort auf Ihre gestellte Frage jedesmal durch die Auslage insgesamt.

In der Schlussbetrachtung können Sie für jede Auslage zusätzlich die Quersumme der ausgelegten Karte berechnen. Wohlgemerkt stellt dies ein „*Zusatzspiel*“ dar; die jeweilige Auslage ist und bleibt komplett, auch ohne Quersummenkarte. Diese stellt nur eine mögliche Zusammenfassung dar, wie eine Überschrift, manchmal aber auch wie eine Kontrollkarte zur Gegenprobe. Falls Sie nach einer Auslage die Quersumme errechnen möchten, gehen Sie folgendermaßen vor:

Die Ziffern aller aufgedeckten Karten werden addiert (Hofkarten wie Königin, Ritter usw., und „Der Narr“ zählen als 0 und Asse zählen als 1). Mit der errechneten Quersumme verfahren Sie so, wie es für die Persönlichkeitskarte auf Seite 14 beschrieben wurde. Die große Karte, deren Ziffer der errechneten Quersumme entspricht, ist die Quersummenkarte oder „Quintessenz“.

Mit anderen und nicht für andere

Für das selbstständige Tarot-Kartenlegen ist es üblich und typisch, dass der Frager oder die Fragerin die Karten selbst mischt, selbst auslegt, selbst beschreibt und deutet.

Wer die Frage stellt, sollte die Karten auch selbst bewegen und bei der Deutung das erste und das letzte Wort haben. Andere anwesende Personen (gleichgültig, ob „Laien“ oder „Experten“ im Tarot) sind zum Gespräch und zur Begleitung dabei – zur Unterstützung und, wenn es sein muss, auch einmal zur Kritik. Doch im konkreten wie im übertragenen Sinne hat stets der Fragesteller – der, um den es geht – die Karten selbst in der Hand!

Übungen für Fortgeschrittene

Die Tarot-Karten wirken wie ein Spiegel und das bringt die Frage mit sich: Manipulieren wir uns nicht selbst, wenn wir Tarot-Karten deuten? Ist es nicht so, dass wir darin nur das sehen, was wir sehen wollen?

Die Antwort lautet: Ja, wir können die Dinge nicht ohne persönliche Betroffenheit erfassen oder überhaupt wahrnehmen. Das gilt für die Ereignisse im Alltag ebenso. Die Tarot-Karten machen es nur deutlich. Wenn Sie „schwarz sehen“, dann wirken auch die Tarot-Karten besonders dunkel. Und wenn Sie wie auf rosaroten Wolken schweben, prägt auch dies Ihren Blick auf die Symbolik.

Es gibt also *keine Garantie*, dass Sie sich in den Tarot-Karten in richtiger Weise wiedererkennen. Aber diese Garantie kann Ihnen nichts und niemand geben, auch nicht der Spiegel, der in Ihrer Wohnung an der Wand hängt. Wer sich sein Leben lang vor allem selbst beweihräuchern und/oder selbst bemitleiden möchte, schafft dies im schlimmsten Fall auch und hält es fortwährend durch.

Das Tarot-Kartenlegen ist ein *Angebot* an alle, die es interessiert, eigene Sichtweisen bewusster wahrzunehmen. Erst im Zustand der Erleuchtung (wenn wir das Rad der Inkarnationen verlassen haben) sind wir frei von Projektionen. Bis wir so weit sind, erfüllt das Tarot-Kartenlegen, wenn man es möchte, eine doppelte Funktion: Erst trägt Tarot dazu bei, dass die „inneren Bilder ins Laufen kommen". Ihre Wünsche und Ängste, Ihre Erfahrungen, Erwartungen usw. legen Sie *in* die Symbolik hinein. Was Sie auf dem Herzen haben, bekommt gleichsam ein Sprachrohr. Und was Ihnen im Kopf herumspukt, erscheint Ihnen in den Tarot-Karten wie auf einem Bildschirm.

Wenn Sie dann *mehr* erreichen und erleben wollen, wird es wichtig, die persönlichen Projektionen zurückzuholen. *Projektionen werden dadurch aufgelöst, dass man sie erkennt.* In aller Regel sind die Sehgewohnheiten, auf die wir durch das Tarot-Kartenlegen aufmerksam werden, keine „Erfindung" des Tarot, sondern eben eine Spiegelung von alltäglichen Einstellungen. Es ist für alle Lebensbezüge viel gewonnen, wenn wir unsere Projektionen, d. h. die besonderen Brennpunkte oder Blickrichtungen in der persönlichen Optik feststellen.

Am einfachsten gelingt dies, wo Sie einen „blinden Fleck" bemerken. (Einen blinden Fleck zu *bemerken,* ist keine Schwäche, sondern zeugt von persönlicher Stärke.) Karten für blinde Flecken lassen sich nicht aussuchen oder ziehen (denn an den gezogenen oder ausgesuchten Karten würde man doch nur das Bekannte, nicht aber das Unbekannte, eben den Fleck in der Optik wahrnehmen). Hinweise auf gewisse Übertreibungen und Untertreibungen in der eigenen Sicht der Dinge geben alle Karten, bei denen Sie den Eindruck haben, hier habe sich der oder die Zeichner/in „vertan"; hier habe sich ein Fehler eingeschlichen, es stimmten die Proportionen nicht usw. Den deutlichsten Hinweis geben die Karten, die Sie nur positiv oder nur negativ wahrnehmen. Es gilt heute als unumstößliche Regel, dass *jede* Karte positive *und* negative Bedeutungen besitzt (in der Bewertung, ja, sogar schon in der Wahrnehmung oder Beschreibung der Karte).

Brennpunkte der eigenen Optik

Oft spielt sich dieses Stück Selbsterfahrung so ab, dass Sie zunächst bemerken, dass da eine Karte existiert, die Sie beim besten Willen nur als schön oder nur als negativ wahrnehmen können. In dem Moment, wo Sie dies bemerken, stellen Sie zunächst den „Mangel“ fest, der darin besteht, dass Ihnen die zweite Seite fehlt, unbekannt ist oder keinesfalls einleuchten will.

In diesem Falle sollten Sie sich Ihre Entdeckung einfach *merken.* Vielleicht so, wie Sie sich auch das, was sie einkaufen wollen, merken würden. Es ist besser, sich einfach zu merken, dass mit einer bestimmten Karte noch etwas zu klären ist, als sofort durch Lektüre von Deutungsliteratur die erkannte Lücke zu schließen. Wenn Sie sich die Karte merken, dann dauert es manchmal Tage, manchmal auch länger, bis Sie von sich aus, durch Ihre eigenen Gedanken und Erfahrungen, feststellen, warum bei der bestimmten Karte die andere Seite bisher so fremd erschien. Das ist dann ein persönliches *Aha-Erlebnis.* So hat sich in *Ihnen* eine Erkenntnis gebildet, und eine innere Einstellung hat sich gewandelt. *Das* kann Ihnen kein Deutungsbuch vorschreiben oder abnehmen; das ist dann ganz allein Ihre Leistung. Die erreichte Einsicht aber können Sie sofort praktisch nutzen.

Bedeutungen überprüfen

Was kann man tun, um Projektionen besser oder leichter zu erkennen? Dafür gibt es *Übungen,* die die Wahrnehmung solcher Auffälligkeiten beschleunigen. Das erreichen Sie, indem Sie ganz konsequent alle Karten als *gleichwertig* betrachten – und dann die Abweichungen registrieren, wo Ihre Sichtweise sich einer gleichwertigen Wahrnehmung einer Karte nicht anschließen kann, weil die betreffende Karte z. B. eine persönliche *Lieblingskarte* oder persönliche *Stresskarte* darstellt.

Um dies herauszufinden, stellen Sie sich am besten jede Karte als eine *Addition* vor. „Kelche 8“ ist demnach gleich „Kelche 6“ + „Kelche 2“ oder gleich „Kelche 5“ + „Kelche 3“ usw. Wenn man dann die Karten „Kelche 2“ und „Kelche 6“ als „gute“ Karten versteht, die „Kelche 8“ jedoch als „negative“ Karte, dann stellt man fest, dass in dieser Gleichung etwas nicht stimmt. „Kelche 8“ kann eine „negative“ Karte sein (so wie jede Karte), dann ist jedoch zu bedenken, welche Gefahren und Abgründe z. B. in den Karten „Kelche 2“ + „Kelche 6“ enthalten sind, die offenkundig in der eigenen Wahrnehmung zu kurz gekommen sind, was vielleicht sogar schon ein Grund für die negative Einschätzung der „Kelche 8“ ist. Oder Sie bekräftigen die schönen Seiten von „Kelche 2“ und „Kelche 6“ und können sich dann fragen, welche schönen Seiten Ihnen bei „Kelche 8“ bisher noch verborgen bleiben.

Bei diesen Übungen, bei denen wir mit Projektionen arbeiten, benutzen wir die Zahlen der einzelnen Karten. Doch im Unterschied zur früheren „Numerologie“ besitzen die Zahlen dabei keine bestimmten Inhalte! Wir benutzen hier lediglich den Funktionswert (2 + 6 = 8). Wir messen hier also die eigenen Vorlieben und Abneigungen (einen Teil unserer Person) mit den Gedanken und Überlegungen (z. B. 2 + 6 = 8), die wir auch sonst täglich benutzen (ein anderer Teil der eigenen Person). Die Auflösung von Projektionen trägt dazu bei, ein *ganzer* Mensch zu werden.

Parallelkarten

Es gibt auch noch weitere Übungen, die in dieselbe Richtung wirken, etwa innerhalb der 22 Großen Arkana die Quersummen- und Parallelkarten. *Karten mit gleicher Endziffer sind Parallelkarten* (z. B. *VI – Die Liebenden* und *XVI – Der Turm*). Die Parallelkarten innerhalb der Großen Karten stehen zueinander in einem Verhältnis wie *Grundton und Oktave* oder wie Vordergrund und Hintergrund!

Quersummenkarten innerhalb der Grossen Arkana

Die Karten innerhalb (!) der Großen Arkana, die dieselbe Quersumme bilden, stehen in einem Verhältnis von *Gegensatz und Ergänzung* (z. B. *VII – Der Wagen* und *XVI – Der Turm*).

Wege innerhalb der Grossen Arkana

Durch den geschilderten Vorgang der *Additionen* wird es außerdem leicht gemacht, die Großen Arkana mit den Ziffern I, II, III usw. nicht nur als Startpositionen, sondern auch als Ziele zu verstehen und zu erleben. Stellen Sie sich die 22 Großen Karten nicht als Strecke, sondern als Kreis vor. Dann sind es z. B. *drei Schritte,* um von der Karte *XX – Gericht* zur Karte *I – Der Magier* zu gelangen. *XX – Gericht* plus *III – Die Herrscherin* ergibt zusammen *I – Der Magier.* So kann man von ganz unterschiedlichen Startpositionen aus seinen persönlichen Weg hin zum *Magier,* zur *Hohepriesterin* usw. festlegen!

Legemuster und Praxistipps

Legemuster

„TAGESKARTE“

Die Tageskarte wird morgens oder abends gezogen, nicht nur hin und wieder, sondern einigermaßen regelmäßig. Im Allgemeinen ist sie nicht mit einer bestimmten Fragestellung verbunden, sondern gibt Aufschluss über Thema, Motto, besondere Aufgaben und Chancen des betreffenden Tages.

„TAGESKARTE-VARIANTEN“

Die Karten werden gemischt. Die oberste aller Karten wird aufgedeckt: Das ist die Tageskarte im Vordergrund. Die unterste der Karten wird aufgedeckt: Das ist der Hintergrund für die Tageskarte.

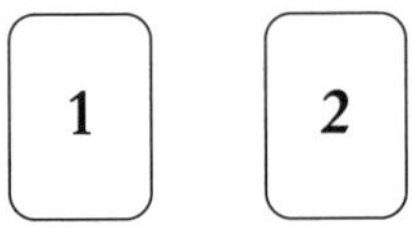

„TAGESKARTE MIT ERLÄUTERUNGEN“

1 – Tageskarte
2 – Momentane Situation – das, was Sie bewegt
3 – Der Hintergrund des Tagesgeschehens

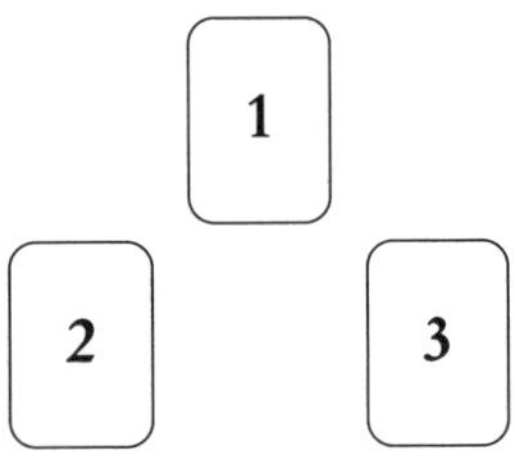

„Tageskarte mit Ergänzungen“

1 – Tageskarte
2 – Besondere Aufgabe für heute
3 – Besondere Chance für heute

Zwei empfehlenswerte Standard-Auslagen

1 – Aktuelle Situation
2 – Vergangenheit oder das, was schon da ist
3 – Zukunft oder das, was neu zu beachten ist

1 – Schlüssel oder Hauptaspekt
2 – Vergangenheit oder das, was schon da ist
3 – Zukunft oder das, was neu zu beachten ist
4 – Wurzel oder Basis
5 – Krone, Chancen, Tendenz

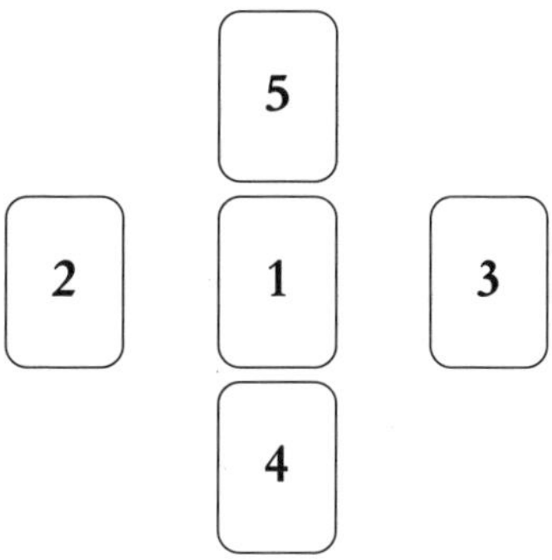

„Der Stern“

1 – Ihre Lage
2 – Ihre Aufgaben
3 – Ihre Reserven
4 – Welche Einstellung Ihnen weiterhilft
5 – Das Ergebnis der Bemühungen

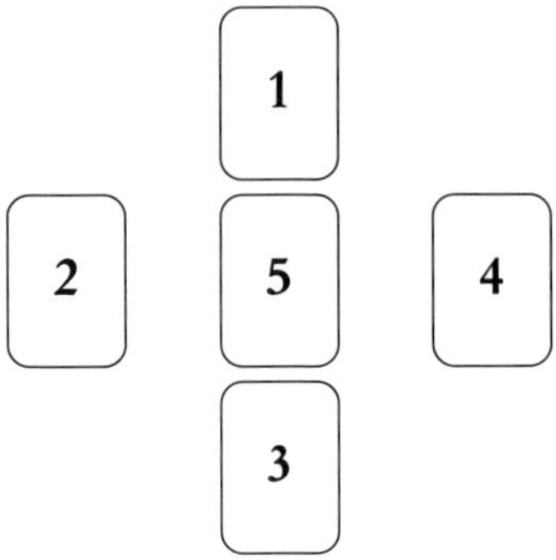

„Das Pentagramm“

1 – Da kommen Sie her
2 – Dort gehen Sie hin
3 – Das fällt Ihnen schwer
4 – Das macht Ihnen Sinn
5 – Das bedeutet viel: Ihr großes Ziel

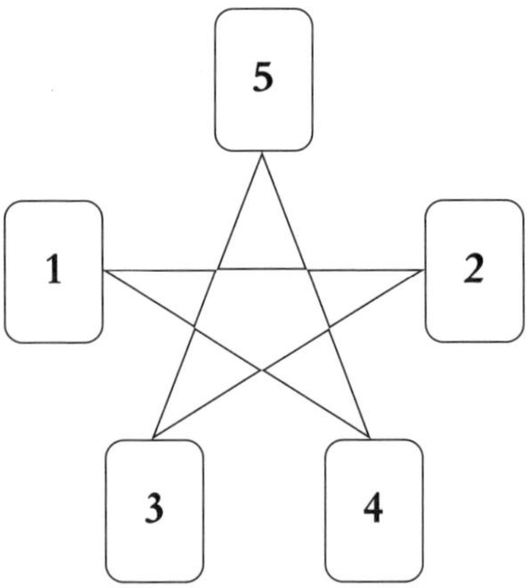

„Tendenzen & Perspektiven“

1 und 2 – Hauptaussage
3 – Wurzel oder Basis
4 – Himmel, Chance, Tendenz
Oder
1 – Einerseits/Der Aspekt, den Sie schon kennen
2 – Andererseits/Die Kehrseite
3 – Was geändert werden muss
4 – Urteil, Perspektive

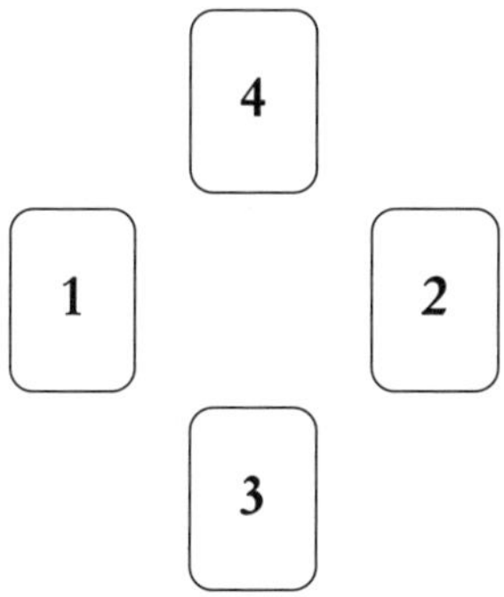

„Entscheidungsfragen“

1 und 2 – Wo Sie herkommen, einerseits/andererseits
3 und 4 – Wo Sie hingehen, Gefahren/Chancen
1 und 3 – Das spricht dagegen
2 und 4 – Das spricht dafür
5 – Urteil

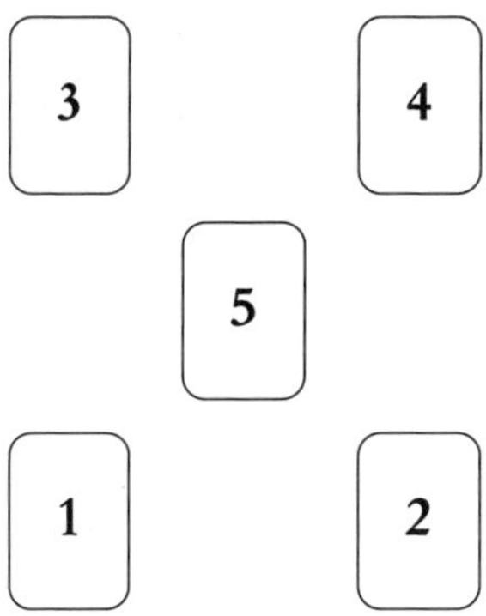

„BESTANDSAUFNAHME“

Vergangenheit
Gegenwart
Zukunft

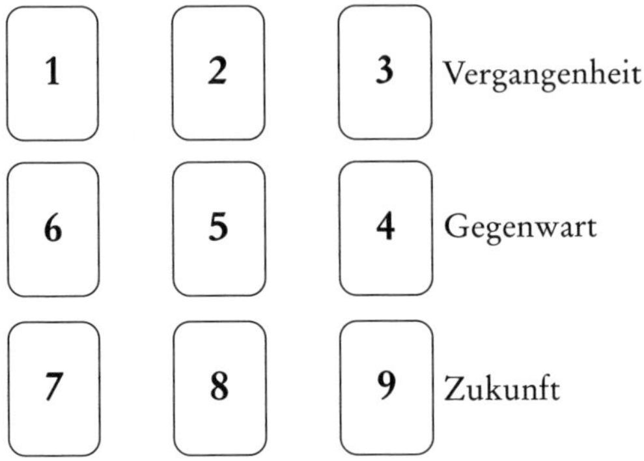

„DAS SCHWERT“

1 – Der Kern der Sache
2 – Ihr Ansatzpunkt
3 – Ihre Basis, Ihre Stütze
4 – Ihre Chance/Was Ihnen zu Hilfe kommt
5 – Ein Problem wird gelöst
6 – Ein Wunsch geht in Erfüllung
7 – Neue Erkenntnis, neues Verständnis

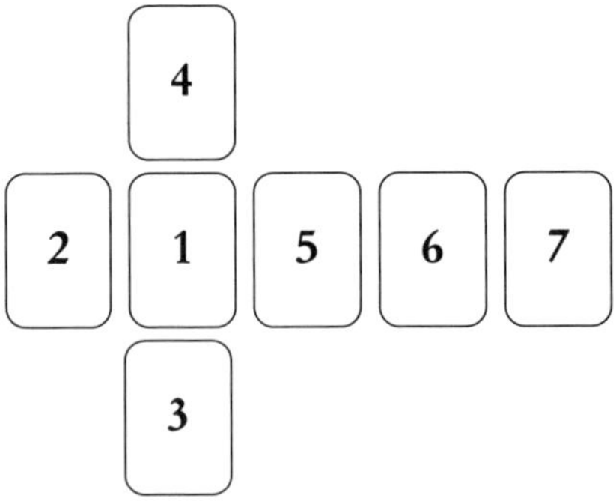

„TRAUMZIEL“

1 – Wo Sie stehen
2 – Wohin Sie gehen
3 – Ihre Wünsche
4 – Ihre Ängste
5 – Ihr wirkliches Verlangen
6 – Das Geheimnis Ihrer Suche

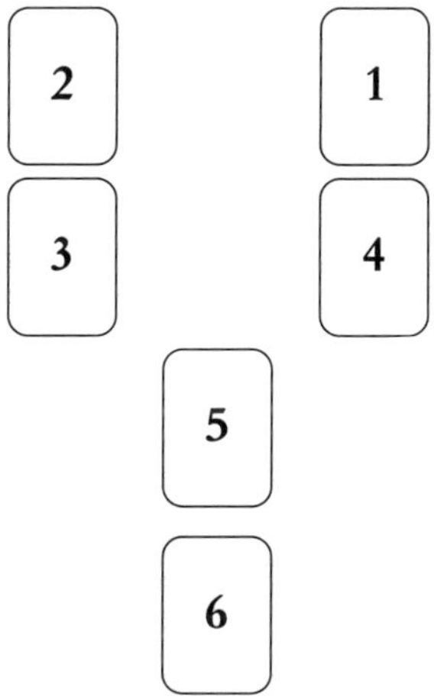

„Lösungsweg“

1 – Das werden Sie los
2 – Das erreichen Sie
3 – Das kommt mit
4 – Das bringt Ihnen Glück
5 – Das tritt Ihnen noch entgegen
6 – Diese Lösung bringt Ihnen Segen

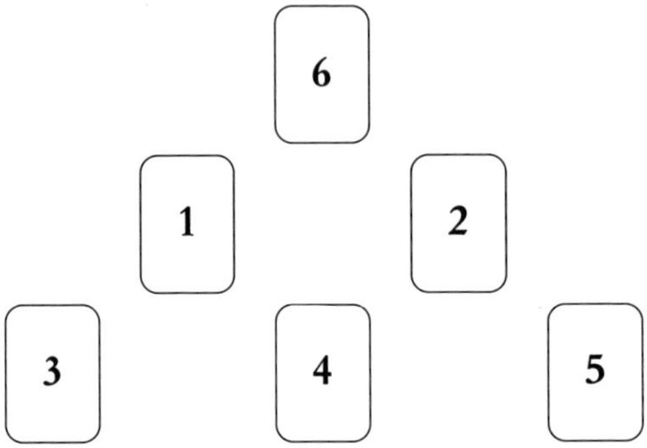

„Keltisches oder Sonnenkreuz“

1 – Thema der Frage, Sie selbst
2 – Positive Ergänzung zu 1
3 – Negative Ergänzung zu 1
4 – Wurzel, Basis, Stütze
5 – Krone, Chance, Tendenz
6 – Vergangenheit oder das, was schon da ist
7 – Zukunft oder das, was neu zu beachten ist
8 – Zusammenfassung der Positionen 1–7; Ihre innere Kraft, Ihr Unbewusstes
9 – Hoffnungen und Ängste
10 – Umgebung und Einflüsse nach außen; Ihre Rolle nach außen

11, 12, 13 – Resümee oder ein Faktor, auf den Sie besonders aufmerksam gemacht werden, der bereits vorhanden ist und der für Ihre Frage besondere Bedeutung gewinnen wird

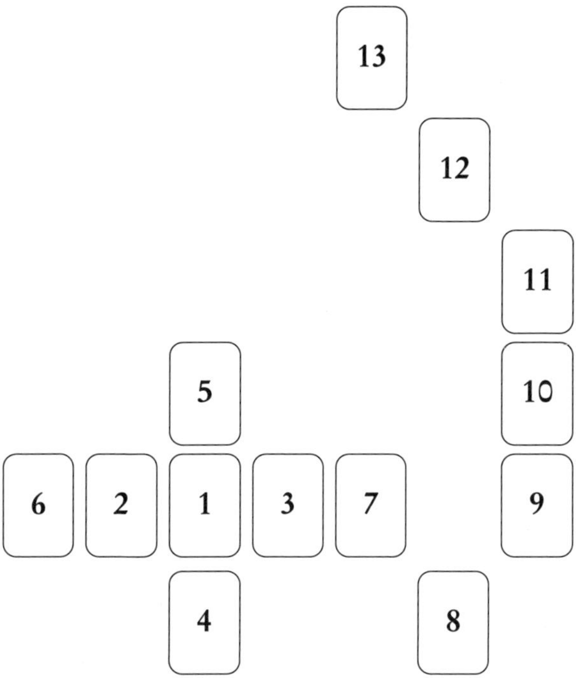

„Keltisches oder Sonnenkreuz“ (Variante)

1 – Ausgangspunkt, Thema der Frage
2 – Kreuzkarte, Gegensatz oder Ergänzung zu 1
3 – Chancen, Krönung, bewusste Seite
4 – Wurzel, Basis, unbewusste Seite
5 – Vergangenheit
6 – Zukunft
7 – Ihre innere Kraft, Ihre innere Einstellung
8 – Einflüsse von außen, Ihr Verhalten nach außen
9 – Hoffnungen und Ängste
10 – Ergebnis, Ziel, Aufgabe

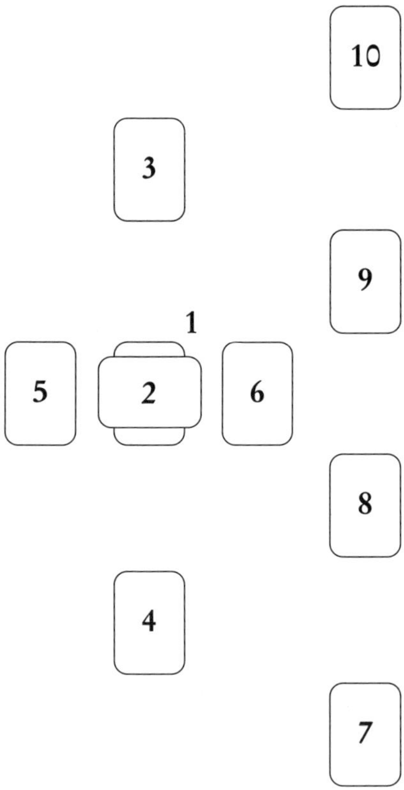

„Tarot-Magie“

1 – Diese Karte wird ausgesucht
2 – Diese Karte wird verdeckt gezogen.

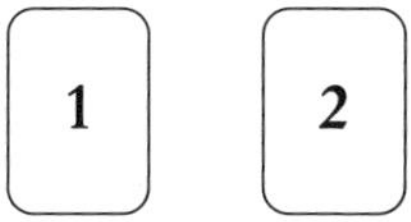

Ziel dieser Auslage ist es, die bewusste und die unbewusste Einstellung zu einem Thema zu vergleichen. Werden Sie sich zunächst über Ihre Frage oder die Thematik, über die Sie Aufschluss gewinnen wollen, klar. Merken Sie sich Ihre Frage.

Dann nehmen Sie die Karten so, dass Sie die Bilder anschauen können und blättern die Karten durch. Nehmen Sie die Karte heraus, die Sie für Ihre Fragestellung am meisten anzieht.

Dann werden die Karten gewendet, die Bilder zeigen nun nach unten. Jetzt mischen Sie die Karten wie gewohnt und ziehen eine heraus.

(In Anlehnung an: Mario Montano: Poker mit dem Unbewussten, Praxis des intuitiven Tarot, Seite 266)

„ENTSCHEIDUNGSSPIEL“

1 – Ihre Stärken
2 – Ihre Schwächen
3 – Unterstützung von außen
4 – Widerstand von außen
5 – So sollten Sie sich entscheiden
6 – Das wird dann geschehen
7 – Ihre Lösung

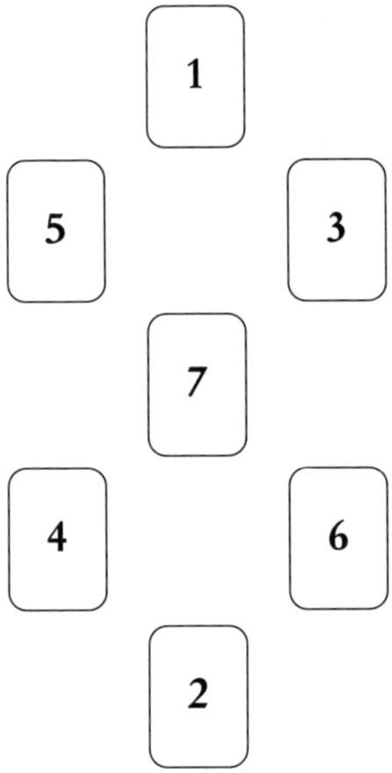

„Trendlinie“

1 – Das kennen Sie schon
2 – Das können Sie gut
3 – Das ist noch neu
4 – Das lernen Sie nun dazu

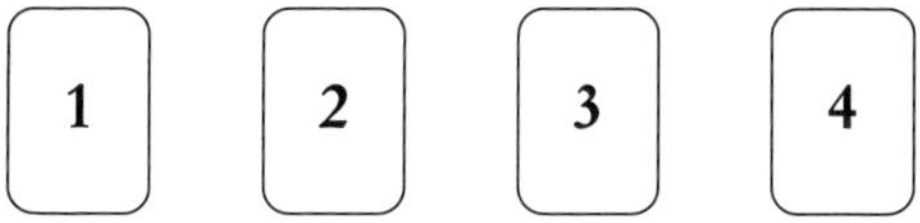

„Mut zur Lücke“

1 – Das ist möglich.
2 – Das ist wichtig.
3 – Das ist mutig.
4 – Das ist nichtig.
5 – Das ist nötig.
6 – Das ist heiter.
7 – Das ist witzig.
8 – Das führt weiter.

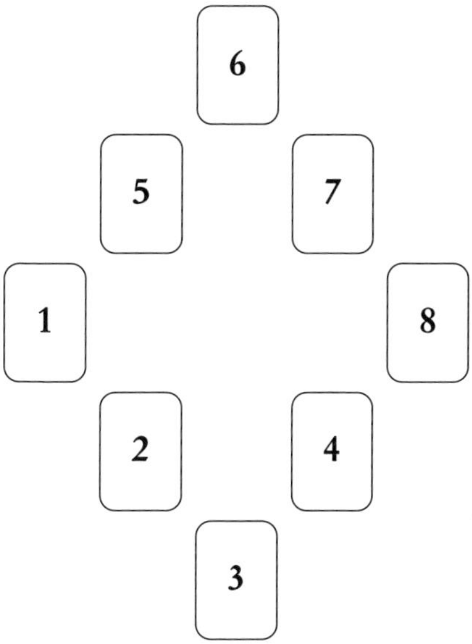

„Beziehungs-Weise“

1 – „Partner/in“
2 – „Ich“
3 – „Eine verbindende Kraft“
4 – „Die gemeinsame Basis“
5 – „Die Quellen der/des Partnerin/Partners“
6 – „Meine Quellen“
7 – „Brennpunkt. Gemeinsames Ziel“

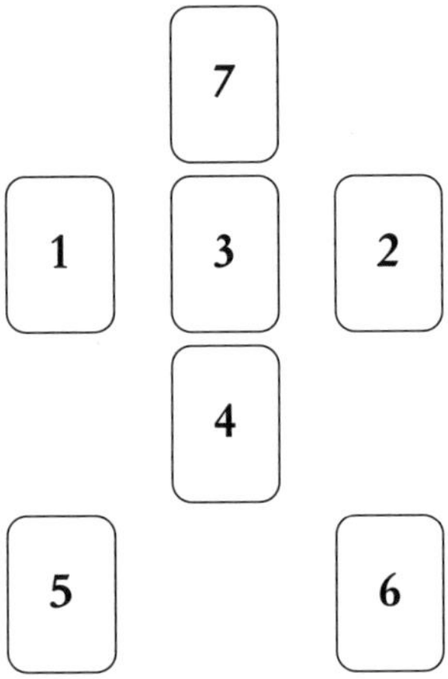

„LERNAUFGABEN"

1 – „Was habe ich erfahren?"
2 – „Worauf kann ich mich verlassen?"
3 – „Welche Früchte sind jetzt reif?"
4 – „Welche Resultate fehlen noch?"
5 – „Welche Wünsche machen mich stark?"
7 – „Welchen Ängsten will ich mich stellen?"
8 – „Und welchen besser ausweichen?"
9 – „Welche Ziele haben sich bewährt?"
10 – „Und welche nicht!"
11 – „Wo liegen meine Hindernisse?" / „Was passt nicht mehr zu mir?"
12 – „Wo finde ich Unterstützung?"
13 – „Wie kann ich meinen Wünschen Nachdruck verleihen?"

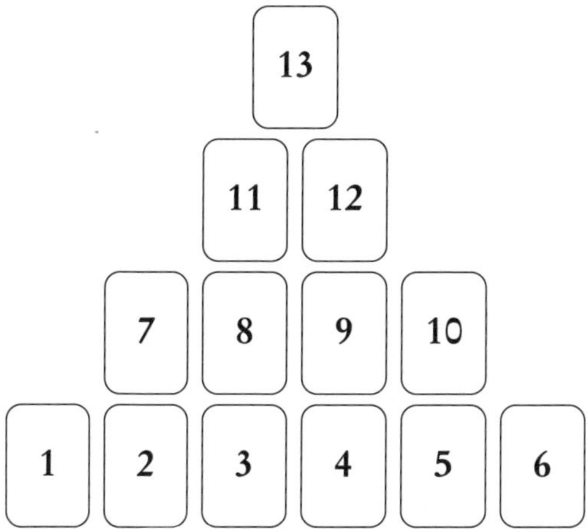

Praxistipps

Im vorausgegangenen Kapitel finden Sie umfangreiches *Handwerkszeug für die selbstständige Tarot-Deutung.* Hier einige zusätzliche praktische Hinweise.

TÄGLICHE BEGEGNUNG – GRÖSSTER NUTZEN

Im Umgang mit den Symbolsprachen, gleichgültig, ob Tarot, Traumdeutung oder anderes, wird es immer mehr zur Gewohnheit, sich *kontinuierlich* mit dem betreffenden Gebiet zu beschäftigen. In der wissenschaftlichen

Traumdeutung gilt die Regel, dass die Beobachtung von Traumserien effektiver als die Deutung von Einzelträumen ist. Und für religiös oder spirituell orientierte Menschen ist es ebenso selbstverständlich, den *Alltag als Übung* zu verstehen und zu gestalten.

Verabreden Sie sich täglich mit sich selber und nehmen Sie sich die Zeit, die jeweiligen Ereignisse und Tagesthemen nachzuvollziehen. Allein schon diese Zuwendung zum eigenen Befinden hat spürbare Wirkung und ist in vielen Fällen bereits heilsam. Wünsche und Ängste, Sorgen und Jubel können sich so wesentlich besser ausdrücken. Wenn Sie Tag für Tag die Karten lesen und sich darin den Spiegel vorhalten, tun Sie sich selbst einen großen Gefallen: Sie wirken einen roten Faden, Sie bleiben am eigenen Thema „dran“.

Der Weg der Wünsche

Alle Fragen, die Ihnen wichtig erscheinen, die Sie zum Beispiel in Ihr Tagebuch schreiben würden, können Sie mittels der Tarot-Karten klären. Halten Sie sich an das, was Ihnen auf dem Herzen liegt und was Sie bewegt. Die Erkenntnis und Erfüllung wichtiger Wünsche (und die Aufhebung wichtiger Ängste) ist das A und O der Tarot-Deutung.

Aus der traditionellen Wahrsagerei stammt die Regel, man dürfe nicht für sich selbst oder für nahe Angehörige die Karten legen. Diese Vorschrift ist beim selbstständigen Tarot-Gebrauch ohnehin hinfällig. Denn für uns selber tun wir es ja gerade, und für andere – gleich, ob nahe Angehörige oder weitläufige Bekannte – könnten wir es gar nicht. Diesen können wir „nur“ zeigen und erklären, wie sie es selbst machen können.

Zudem liest man häufiger, es dürften keine Ja- und Nein-Fragen an das Tarot gerichtet werden. Doch dies ist eine kurzsichtige Vorschrift. Wenn Ihnen eine Ja- oder Nein-Frage am Herzen liegt, dann ist es vollkommen in Ordnung, wenn Sie diese Frage an die Karten stellen. Denn gerade für das, was für Sie von Bedeutung ist, sind die Tarot-Karten gut.

Der Ausgang der Befragung ist selbstverständlich vorab offen. Sie können entweder in den Karten eine bestimmte Richtung erkennen oder Sie erfahren die *Zusammenhänge,* die mit Ihrem „Ja oder Nein“ einhergehen.

Magische Momente

Für die selbstständige Deutung des Tarot ist es außerordentlich hilfreich, wenn Sie Ihre volle Aufmerksamkeit auf jede einzelne Karte, die aufgedeckt wird, richten und wenn Sie gleichzeitig *Ihre eigenen Reaktionen* und Gefühle dabei beobachten. Wenn Sie voll bei der Sache, das heißt bei der jeweils vorliegenden Karte, sind und zur gleichen Zeit vor Ihrem geistigen Auge Ihr eigenes Verhalten beobachten, besitzen Sie einen direkten, spannenden und wirkungsvollen Zugang sowohl zu den Karten wie auch zu sich selbst. Umso deutlicher erleben Sie die „Magie des Augen-Blicks".

Subjektstufe und Objektstufe

Wie in der Traumdeutung, so gibt es auch in der Tarot-Deutung eine „Subjektstufe" und eine „Objektstufe".

Auf der *Objektstufe* stehen die verschiedenen Bildfiguren für andere Menschen, denen Sie als Betrachter/in begegnen oder begegnet sind. Auf der *Subjektstufe* ist jede Bildfigur als Spiegelung eines Eigenanteils der Betrachterin oder des Betrachters zu verstehen.

So können z. B. die Bildfiguren auf der Karte *„VI – Die Liebenden"* Ihre Beziehungen zu anderen wie auch zu sich selbst darstellen. Wenn Sie nicht genau wissen, ob jetzt die Objektstufe oder die Subjektstufe für Ihre Interpretation wichtig ist, arbeiten Sie bis auf weiteres mit beiden Alternativen. So geht es dann bei der Karte *„ VI – Die Liebenden"* um Distanz und Auseinandersetzung im Verhältnis zu anderen als auch zu sich selbst – sowie um Liebe und Liebeserklärung wiederum an andere wie auch an sich selbst!

Konsequenzen ziehen

Deutung und Interpretation einer Karte oder einer Auslage sind erst abgeschlossen, wenn Sie praktische Konsequenzen daraus ziehen und in die Tat umsetzen.

Die Botschaft der Karte kann eine Warnung sein, eine Ermunterung oder eine Bestätigung. Wenn Sie nicht sofort wissen, welche der Alternativen im Augenblick zutrifft, lassen Sie bis auf weiteres alle Varianten gleichzeitig gelten. Die Warnung, die eine Karte beinhaltet, und die Ermutigung, die sie vermittelt, schließen sich nicht immer gegenseitig aus.

I
DER MAGIER

II
B
J
DIE HOHEPRIESTERIN

III
DIE HERRSCHERIN

IV
DER HERRSCHER

V
DER HIEROPHANT

VI
DIE LIEBENDEN

VII
DER WAGEN

VIII
KRAFT

IX
DER EREMIT

X
RAD DES SCHICKSALS

XI
GERECHTIGKEIT

XII
DER GEHÄNGTE

XIII
TOD

XIV
MÄSSIGKEIT

XV
DER TEUFEL

XVI
DER TURM

XVII
DER STERN

XVIII
DER MOND

XIX
DIE SONNE

XX
GERIGHT

XXI
DIE WELT

DER NARR

Große Arkana

Die 22 *Großen Karten* präsentieren Tagesthemen und aktuelle Botschaften. Außerdem stellen sie individuelle und kollektive *Leitbilder* (Urbilder, Archetypen, „Grundwerte“) dar.

Das Wort Archetyp besitzt dabei eine wichtige Doppeldeutung. Es fragt nach den Urbildern und *ersten Prägungen,* die wir kollektiv ererbt haben und die tatsächlich bis in die Anfänge der Kulturgeschichte zurückreichen.

Und eine zweite Bedeutung verbindet sich mit dem Begriff des Archetypen, auch wenn diese weniger bekannt ist als die erste: Archetyp bezeichnet auch die Erstprägungen, die wir in unserem Leben jeweils als Erste oder als Erster vollbringen. Wir alle besitzen archetypische Kräfte, insofern wir selber als Urheber oder Urheberin tätig werden.

Jede Tarot-Karte verkörpert *beide* Aspekte der Archetypen. Besonders nachdrücklich die 22 Großen oder Trumpfkarten.

I – Der Magier

Bild: Magie, die „Möglichkeit des Unmöglichen", besteht darin, mit dem Kosmos, mit Gott und der Welt eins zu sein.

Die Zahl Eins ist nicht teilbar. „Unteilbar" aber heißt auf Lateinisch *individuum.* Als Magier/in gelingen Ihnen auf Ihrem Lebensweg Wunder, die für Sie ganz natürlich sind, so wie andere Menschen auf ihrem individuellen Weg Zauberkunststücke vollbringen, die für Sie immer unerreichbar bleiben werden. Ihre persönliche Chance kann Ihnen keiner vorführen und wegnehmen!

Die vier „magischen Werkzeuge" Stab, Kelch, Schwert und Münze stehen für Feuer, Wasser, Luft und Erde oder – anders ausgedrückt – für die

Kräfte des Willens, der Seele, des Geistes und des Körpers, die Ihnen zur Verfügung stehen. Es geht darum, dass Sie Ihre realen Möglichkeiten erkunden, die *immer* viel größer sind als der Fundus Ihrer bisherigen Erfahrungen.

Symbolgehalt: *Der Magier* symbolisiert die Hexe und den Zauberer, der und die in uns allen stecken. Hier geht es nicht um obskure Rituale und auch nicht um kindliche Allmachtsfantasien.

Der Magier symbolisiert vielmehr den Teil der persönlichen Existenz, der unteilbar eigen ist. Vieles, das scheinbar Ihre Einzigartigkeit unterstreicht, haben Sie tatsächlich von anderen übernommen, bewusst oder unbewusst. Und vieles wiederum, das tatsächlich zu Ihrer Individualität gehören würde, besitzen Sie zuerst noch nicht, sondern bemerken es erst dann, wenn Sie auf andere Menschen stoßen, die Sie in besonderer Weise faszinieren oder stören.

Botschaft: Die historischen Magier/innen in Gestalt der Zauberer und Schamanen sind Symbol für eine Brücke zwischen Mensch und Kosmos, zwischen Erde und Himmel, Welt und Unterwelt.

Wer heutzutage keiner Kirche angehört, sollte sich *selbstständig* mit Fragen der Religion und des Glaubens auseinander setzen. Ähnlich verhält es sich mit der *Magie,* nur dass es hier nicht um Religion und Glauben, sondern um das gesamte Leben und das Alltagsverständnis geht. Jeder Mensch kann und muss seine eigene Intelligenz benutzen, um seinen Platz in der Welt zu definieren. Und je mehr Sie auf diesem Weg voranschreiten, umso mehr entfaltet sich Ihr persönlicher Zauber, durch den Sie Dinge erkennen und Zusammenhänge nutzen, die sich tatsächlich nur Ihnen bieten.

Praxis: Wenn es bei dieser Karte Probleme gibt, dann liegt das entweder daran, dass Ihre Individualität zu kurz kommt oder dass Sie diese, umgekehrt, überbewerten und mehr Gemeinschaftssinn aufbringen sollten.

- ✦ In Ihren aktuellen Fragen brauchen und entwickeln Sie Erfindungsgeist, die Gabe, zu sich selbst zu finden, und das Geschick, eine Lücke aufzutun oder eine Brücke zu bauen, die gerade Ihren Auffassungen entgegenkommt.
- ✦ Übernehmen Sie Verantwortung.
- ✦ Achten Sie auf neue Zusammenhänge.
- ✦ Vertrauen Sie auf die Kraft Ihrer Individualität, die Sie als solche mit allen Menschen gemeinsam haben, die Sie aber dem Inhalt nach von allen anderen unterscheidet.

II – Die Hohepriesterin

Bild: Abgrenzung und Offenheit des Seelenlebens. Begraben Sie fruchtlosen Eigensinn und finden Sie den Sinn des Eigenen, den eigenen Sinn! Zwei Säulen – zwei Wege, zwei Extreme. Sie erfahren die Polaritäten des Seelenlebens und bilden Ihr seelisches Fassungsvermögen aus. Lernen Sie, Gefühle, Träume und Ahnungen zu deuten. Nehmen Sie sie ernst, aber halten Sie sie nicht für bare Münze. Verstehen Sie sie in ihrer praktischen Bedeutung.

Die *Hohepriesterin* steht für eine andere Logik als die des Verstandes. Lernen Sie die Sprache Ihrer Gefühle, Träume und Ahnungen so zu sprechen und zu verstehen, wie Sie eine Fremdsprache lernen würden.

Symbolgehalt: Der Mond weist den Weg. Die innere Stimme wirkt wie ein persönliches Kursbuch. Entdecken Sie in ihr das „Script", das Drehbuch oder den Leitfaden des Seelenlebens! Solange Ihnen die innere Bedeutung Ihres praktischen Tuns verborgen ist, kennen Sie nur die eine Seite von sich.

Die Hohepriesterin ist ein Urbild für die Kraft des Seelenlebens. Fälschlicherweise wird sie auch heute noch oft als das „passive Prinzip" verstanden.

Botschaft: Zu beachten ist, dass es bei der *Hohepriesterin* Licht und Finsternis gibt. Denn auch der Mond besitzt die Extreme von Vollmond und Neumond. Der helle Weg ist der Weg der Weisheit. Der dunkle oder schwarze Weg betrifft den Weg der Erfahrung. Dabei haben der weiße Weg und der schwarze Weg hier nichts mit moralischen Begriffen zu tun.

Darüber hinaus bedeuten die Polaritäten von Weiß und Schwarz auch die Fähigkeit, in seelischen Belangen überhaupt Unterscheidungen vornehmen zu können. Immerhin erzählen die Schöpfungsgeschichten der Bibel und vieler anderer Religionen davon, dass am Anfang ein Ur-Chaos existierte. Der *erste Schöpfungstag* wurde komplett dazu benutzt, um Licht und Finsternis, Tag und Nacht zu schaffen. Es stellt eine enorme seelische Leistung dar, die richtigen Unterscheidungen im seelischen Erleben vorzunehmen. In bestimmten Grenzfällen können Weiß und Schwarz allerdings auch Warnungen darstellen, vor höllischen Abgründen und himmlisch-hehren Abgehobenheiten.

Praxis: Einmal geht es vor allem darum, sich einen eigenen Raum zu schaffen, ein eigenes Zimmer, einen persönlichen Geltungsbereich. Ein anderes Mal geht es um die Öffnung der Mauern nach draußen, die Vernetzung der eigenen Gefühle mit denen vieler anderer.

- Schaffen Sie sich Zeit und Freiraum, um abzuschalten und nach innen zu lauschen.
- Achten Sie auf Bedürfnisse und Emotionen, auch auf scheinbar unlogische Zusammenhänge.
- Lernen Sie, Gefühle, Bedürfnisse und Betroffenheiten zu deuten. Nehmen Sie Gefühle, Träume und Ahnungen ernst, aber halten Sie sie nicht für bare Münze. Verstehen Sie die *symbolische* Bedeutung.
- Finden Sie das geeignete Sprachrohr, um Ihren inneren Bedürfnissen Ausdruck zu verleihen.

III – Die Herrscherin

Bild: Jeder Mensch stellt eine mögliche Bereicherung des Lebens und der menschlichen Natur dar. Es kommt nur darauf an, mit Verständnis für die persönliche Natur die richtigen Bedürfnisse und Talente zu wecken und zu erfüllen.

Doch zunächst spielen ganz persönliche Eindrücke bei dieser Karte die Hauptrolle. Ob Frau, Freundin, Partnerin oder Konkurrentin, Schwester, Mutter, Großmutter, Tochter oder Tante: Viele persönliche Assoziationen, Ideen und Betroffenheiten melden sich bei dieser Karte. Manchmal sind dabei praktische Auseinandersetzungen zu führen oder nachzuholen.

Manchmal geht es nur darum, eigene Konsequenzen zu ziehen. Man kann seine Mutter möglicherweise nicht ändern, aber man kann Dinge oder Verhaltensweisen, die man sich immer von ihr gewünscht hätte, sich selber schenken. Das Gleiche gilt, wenn man z.B. eine Schwester, eine Tochter, eine Frau oder Freundin vermisst... Auch hier ist es wichtig, praktische Schritte einzuleiten, um den Mangel abzubauen. Dieser Weg ist nötig, um dann im zweiten Schritt den Blick frei zu bekommen auf die Karte selbst.

Symbolgehalt: Wenn wir lieben und geliebt werden, dann blühen wir auf. Wo Sinn und Sinne ihre Chance erhalten, da blüht auch die Liebe und macht unser Glück zu einer runden Sache.

Botschaft: Die menschliche Natur ist immer eine Doppelnatur, was u.a. die Sternenkrone der *Herrscherin* symbolisiert (Himmel auf Erden). Die Sinne und der Sinn, Geist und Materie markieren die beiden Seiten dieser doppelten Natur.

„Natürlichkeit" beschreibt auch die Anziehungskraft, ja, die sprichwörtliche *Unwiderstehlichkeit* der Venus (s. Venus-Zeichen im Bild). *Weiblichkeit* stellt in diesem Sinne ein Thema nicht nur für Frauen, sondern auch für Männer dar. Die Entdeckung und Entwicklung der weiblichen Seiten besteht für Männer somit in erster Linie nicht darin, Kochen, Schminken oder Babypflege zu lernen. Selbstredend sollten dies alle Männer kennen und können. Doch dies sind vor allem äußerliche Attribute. Als Prinzip der *Herrscherin* und als Prinzip der Weiblichkeit werden hier die *Fruchtbarkeit der Natur mit Sinn und Sinnen* dargestellt.

Praxis: Jeder Mensch verkörpert eine bestimmte Natur, die ihm eigen ist und die ihn auszeichnet. Sprechen Sie Ihre Mitmenschen in Respekt an und Sie werden vieles bewirken und reiche Früchte ernten. Entwickeln Sie die *Herrscherin* in sich selbst. Machen Sie Ihren Körper und Ihren Geist fruchtbar und vertreten und verkörpern Sie Ihre persönliche Wahrheit. Die ganze Wahrheit erkennen Sie daran, dass alle vorhandenen Talente erblühen und Früchte tragen.

- Seien Sie zu sich selbst und zu anderen wie eine Freundin oder Mutter.
- Betonen Sie die Einheit von Herz und Verstand.
- Für Frauen wie für Männer heißt „Entwicklung der weiblichen Anteile" nicht die Übernahme bestimmter Klischees von Weiblichkeit.
- „Weiblichkeit" meint von der Symbolik her vor allem und für alle: Verwirklichung der (persönlichen) Natur in Fruchtbarkeit und Wahrheit!

IV – Der Herrscher

Bild: Im positiven Sinne symbolisiert *Der Herrscher,* dass Sie, als Frau wie als Mann, sich selbst regieren, sich organisieren und (mit sich selbst) etwas anzufangen wissen.

Doch zunächst erscheint es wichtig, auf persönliche Assoziationen einzugehen. Ob es um den Mann, Vater, Sohn, Freund, Partner, Konkurrent, Großvater oder Onkel geht: Die meisten von uns haben hier einige Dinge zu klären. Das Thema Mann und Vater ruft viele Emotionen wach. Es kann sein, dass hier bestimmte Auseinandersetzungen zu führen oder nachzuholen sind. Es kann auch sein, dass Sie in und mit sich Frieden schließen müssen. Dazu kann es gehören, dass man die Dinge und Verhaltensweisen, die man vom Freund, vom Mann, vom Vater usw. erwünscht und erwartet hätte, sich selber schenkt.

Diese Themen müssen abgearbeitet werden, damit man den Blick frei bekommt für das Bild in seiner eigentlichen Gestalt.

Symbolgehalt: Am Thron sind vier Widder-Köpfe zu sehen, auf der Krone der Bildfigur zusätzlich das Widder-Zeichen. Der Widder gilt als Pionier unter den Tierkreiszeichen, da er das erste Zeichen des Jahreskreises ist. Dies gilt entsprechend als das Prinzip des *Herrschers* in Ihnen, in uns allen. Im eigenen Reich sind Sie der oder die Erste. Sie sind Herrscher und zugleich Anfänger.

Im Übrigen lebt die Karte vom Kontrast zwischen der öden Felslandschaft und den Symbolen großer Fruchtbarkeit (goldener Reichsapfel und Henkelkreuz, in den Händen der Bildfigur). So bedeutet diese Karte auch die Aufgabe, Neuland zu betreten – und sich selbst als Neuland zu entdecken.

Botschaft: Es gibt bestimmte Probleme, die wir nur lösen, wenn wir als Erster handeln. Das ist der Weg ohne Vorbild, der Weg ins Neuland.

Den ersten Anstoß zu geben und als Erster tätig zu werden, ist im Übrigen eine Bedeutung des Wortes *Archetyp.* Denn dieses heißt auf Altgriechisch nicht nur Urbild und Erstprägung, sondern bedeutet auch Urheber und Erstpräger.

Praxis: Für Ihre aktuellen Fragen ist es wichtig, dass Sie sich selbst ins Spiel bringen. Seien Sie bereit, auch ohne Rückendeckung und ohne fremden Auftrag zu handeln. Konzentrieren Sie Ihre Erfahrungen und Ihre Energien. Und betreten Sie das Neuland, in dem Sie neue Lebens- und Liebesmöglichkeiten verwirklichen.

- ✦ Macht kommt von *machen.* Setzen Sie sich ein und schaffen Sie neue Tat-Sachen.
- ✦ Seien Sie bereit zu lernen. Sich selbst zu regieren heißt auch, sich und sein Gegenüber ständig neu zu entdecken.
- ✦ Seien Sie – das gilt für Männer wie für Frauen – zu sich selbst und zu anderen ein guter Freund, Mann und Vater.
- ✦ Entdecken Sie das Prinzip der Männlichkeit, das *Der Herrscher* symbolisiert und das nichts mit äußeren Attributen zu tun hat, sondern schlicht und ergreifend mit der Fähigkeit, mit allem, was lebt und was in Bewegung ist, etwas anzufangen.

V – Der Hierophant

Bild: „Hierophant“ heißt wörtlich: der- oder diejenige, der/die Heiliges deutlich macht, zeigt und erklärt. *Hierophant* hießen manchmal die Hohepriester der Einweihungsschulen im Altertum. Das vorliegende Bild erinnert außerdem an den Papst der katholischen bzw. vormals christlichen Kirche.

In seiner Linken trägt er den dreifachen Hirtenstab, auf dem Haupt die Tiara, die dreifache Papstkrone. Die Schlüssel gehen auf die Symbolik des Petrus, des ersten Papstes, zurück, der von Jesus eingesetzt wurde und die Schlüsselgewalt mit den Worten bekam: „Was du auf Erden binden wirst, soll auch im Himmel gebunden sein, und was du auf Erden lösen wirst, soll auch im Himmel gelöst sein.“

Symbolgehalt: Was einst die Aufgabe der Priester und Hohepriester war, ist heute auch Thema für Sie wie für jede/n: Finden Sie Ihre persönlichen Antworten für die großen und kleinen Geheimnisse des Lebens. Organisieren Sie Feste, Freudes- und Trauerfeierlichkeiten in den großen und kleinen, unglücklichen und glücklichen Angelegenheiten des Lebens.

Der Hierophant steht – selbstredend – für die Macht des Glaubens. Dabei ist die Macht des Glaubens im Sinne der Religion und Weltanschauung zu verstehen, aber auch in jeder anderen Form. Der Glaube an einen Menschen, an eine Bestimmung usw. Nicht zuletzt der Glaube an sich selbst.

Der Segensgruß mit den drei gestreckten und den zwei eingewinkelten Fingern weist dabei auf etwas Wesentliches hin. „Ein Teil ist sichtbar und ein Teil ist unsichtbar.“ Damit wird gezeigt, dass in jedem von uns äußere Erscheinung und inneres Wesen existieren. Beide Seiten zusammen bilden die persönliche *Gestalt.*

Botschaft: Die persönliche Wahrheit, einschließlich ihrer noch unbekannten Möglichkeiten wahrzunehmen und auszudrücken, ist das Geheimnis des Hohepriesters.

Ermutigen Sie sich, Stärken und Schwächen anzunehmen, Sichtbares und Unsichtbares miteinander zu verbinden. Haben Sie keine Angst davor, sich zu offenbaren, andere in die eigenen Geheimnisse einzuweihen oder sich von anderen in deren Geheimnisse einweihen zu lassen. All dies bedeutet, die eigene Quintessenz zu leben und zu verkörpern, die *Quintessenz,* die u.a. bereits durch die Zahl V im Bild enthalten ist.

Praxis: Hüten und schützen Sie sich vor missionarischem Eifer und Bekennerdrang. Halten Sie jedoch mit Ihrer Meinung nicht hinter dem Berg. Zeigen Sie, mit Stärken und mit Schwächen, was in Ihnen steckt, was Sie für richtig halten und wessen Sie bedürfen. Geben Sie den Menschen, mit denen Sie zusammenleben, die Chance, ein Gleiches zu tun.

- ✦ In Ihren aktuellen Fragen schlummern größere Zusammenhänge, als Sie auf den ersten Blick vermuten.
- ✦ Weihen Sie andere in Ihre Pläne und Absichten ein. Und seien Sie offen, für das, was andere Ihnen zu sagen haben.
- ✦ Bauen Sie auf Ihre eigene Kompetenz, auch in der Beantwortung der großen und kleinen Sinnfragen des Lebens.
- ✦ Suchen Sie nach weitgehender Übereinstimmung von Theorie und Praxis.

VI – Die Liebenden

Bild: Die Szene erinnert an Adam und Eva im Paradies. Rechts der Baum des Lebens, links der Baum der Erkenntnis. Ein Engel schwebt über den beiden Menschen. In der Mitte ein beachtlicher Berg.

Symbolgehalt: Der Engel stellt eine Verbindung zwischen Erde und Himmel dar. Zugleich symbolisiert derselbe Geist eine *Trennung*, eine Abschirmung zwischen oben und unten. Die Wolke um den Engel herum ist so gezeichnet, dass sich eine komplette Ebene *zwischen* die menschlichen Figuren und die Sonne schiebt. Was bedeutet das, wenn dieser Engel oder Geist weniger einem Lichtwesen, sondern mehr einer grauen Wolke gleicht?

Dann finden sich die Menschen unter bedecktem Himmel und je undurchlässiger die Wolkendecke ist, umso mehr stehen sie im „Schatten".

Im Bild sind damit Schattenseiten enthalten, die auf den ersten Blick *nicht leicht zu erkennen* sind. Als graue Wolke gleicht dieser Engel einem ungeklärten geistigen Horizont, einem undurchsichtigen Überbau. Gerade das Unmerkliche, das kaum Wahrzunehmende (griechisch: Aides oder Hades) gilt seit der Antike als Merkmal des Schattens. Dies ist das große Geheimnis dieser Karte. Der Schatten, der über einem schwebt, muss aufgeklärt werden. Dann bekommt die Liebe eine neue Chance.

Botschaft: Wenn Sie diese Karte ziehen, dürfen Sie aufhören, für Ihr persönliches Glück oder Pech Ihren Partner oder Ihre Partnerin verantwortlich zu machen. Wie bei jeder Karte, so kann auch hier jede Bildfigur einen Teil von Ihnen selber darstellen. Sodass es also hier auch darum geht, sich selbst gegenüberzutreten. Entdecken Sie Ihre „bessere Hälfte" sowie auch Ihre Schattenseiten. Wettern Sie nicht über die Probleme der oder des anderen, sondern bedenken Sie Ihr bisher mangelndes Vermögen, mit diesen Problemen effektiv umzugehen.

Wenn Sie einen Menschen suchen, mit dem Sie in jeder Hinsicht übereinstimmen, der Sie in jeder Frage versteht usw., gibt es dafür nur eine oder einen: Sie selbst! Einen anderen aber um seiner selbst willen zu lieben, das ist eine ganz andere Sache. „Ein wunderbares Zusammenleben kann entstehen, wenn die Menschen es erreichen, den Abstand zwischeneinander zu lieben, denn nur so können sie einander ganz betrachten und vor dem Hintergrund eines weiten Himmels" (Rainer Maria Rilke). Je deutlicher die Unterschiede, desto fruchtbarer die Gemeinsamkeiten. Aus der Aufhebung von Schattenseiten folgt ein großes Glück, ein neues Paradies.

Praxis: „Für einen, der nicht versteht, sind Berge Berge. / Für einen, der zu verstehen beginnt, sind Berge nicht mehr Berge. / Für einen der versteht, sind Berge wieder Berge" (Zen-Spruch).

- ✦ Klären Sie Ihre Vorstellungen, Wünsche und Erwartungen, was „Paradies" für Sie und andere bedeutet.
- ✦ Versuchen Sie nicht, Ihr Glück oder Unglück auf andere zu übertragen, auch nicht auf Ihre Partnerin oder Ihren Partner.
- ✦ Lenken Sie in Ihren aktuellen Fragen die Aufmerksamkeit auf unbeachtete Schattenseiten.
- ✦ Bauen Sie auf die Kraft der Liebe und der Erkenntnis, wenn Sie Ihr persönliches Glück entfalten.

VII – Der Wagen

Bild: Bewusster Wagenlenker und steinerner Unterbau. Natur und Stadt im Rücken. Sonne und Mond oder zwei Monde auf den Schultern. Bemerkenswert ist die Antriebskraft des Wagens. Die Sphinxen ziehen den Wagen nicht. Der Wagen ist ein Selbstfahrer, ein Selbst-Beweger. Die Sphinxen, die Rätsel des Lebens, sind der Bewegung vorgelagert. Die Rätsel von heute sind der Weg von morgen.

Symbolgehalt: Wenn sich der Wagen aus eigener Kraft bewegt, wer oder was sorgt für die nötige Energie? Märchen und Mythen kennen eine lange Reihe von göttlichen Himmelswagen und königlichen Prunk- oder Streitwagen, die von Pferden, von Löwen, von Wind, von Sonne und Mond, kurz, von allen Kräften des Himmels und der Erde gezogen werden. Erst im 19. Jahrhundert setzen sich in den Tarot-Bildern Darstellungen durch, in denen, wie auch im vorliegenden Bild, all diese Kräfte nicht mehr als äußere Energien, sondern als innere Kräfte des Menschen aufgefasst werden.

So ist dies im wörtlichen Sinne die Karte der Selbst-*Erfahrung.* Damit ist sowohl gemeint, sich selbst zu erfahren, als auch selber Erfahrungen zu machen, Erfahrungen aus erster Hand zu sammeln.

Die gute Nachricht lautet: Hier bewegt sich etwas, hier wird etwas in buchstäblichem Sinne erfahren. Wenn viele Erfahrungen, eigene wie fremde, auf einen Nenner gebracht werden und in einem Brennpunkt vereinigt werden, entsteht ein bewegliches Ich. Die schlechte Nachricht lautet: Hier wird ein Ego gezeigt, das halb-bewusst und darauf konzentriert ist, eine bestimmte *Rolle* zu spielen.

Botschaft: Dieses Bild und die damit verbundenen Themen rufen sehr unterschiedliche Wahrnehmungen hervor. Das äußert sich z. B. darin, dass ein Teil der Betrachter diesen *Wagen* als in Bewegung beschreibt, während der Wagen für andere still steht. *Beide* Betrachtungsweisen sind möglich und müssen zusammengenommen werden, um das Bild zu erfassen.

Wenn ein Kreisel in voller Drehung begriffen ist, ist er in voller Fahrt *und* steht zugleich am stabilsten. Dieselbe Verbindung von kreisender Bewegung und stabiler Ruhe bietet das Bild des „Wagens“. Dafür steht u. a. das Lingam-Yoni-Zeichen auf dem steinernen Gefährt, das im Übrigen die Vereinigung der Geschlechter und die „Strom-Erzeugung“, die Spannungsquelle im Menschen symbolisiert. Lösen Sie die Rätsel, die sich Ihnen stellen. Es sind Ihre Gefühle, Ihre innere Quellenspannung, die Sie in Fahrt bringt und die Ihnen Halt verschafft.

Praxis: Der steinerne Wagen ist Ihr „Karma“, Ihre Lebensgeschichte, aus der Sie nicht einfach aussteigen können, zu der Sie nur immer wieder neu die richtige Einstellung finden können!

- ✦ Seien Sie mutig und energisch in der Auseinandersetzung mit sich selbst.
- ✦ Jetzt bietet sich die besondere Chance, zu Ihrer Lebensgeschichte eine neue Einstellung zu gewinnen.
- ✦ Achten Sie auf Menschen, denen ihre Widersprüche verschlossen sind.
- ✦ Verstehen Sie Ihre *inneren Antriebe,* indem Sie Gefühle, Träume, Wünsche und Ängste deuten. Je mehr Sie bewegen, umso wichtiger ist es, zu verstehen, was Sie bewegt!

VIII – Kraft

Bild: Leben Sie mit Wildheit und Weisheit! Die weiße Frau, der rote Löwe, der blaue Berg – das sind (auch) Sie selber. Hier geht es darum, als ganzer Mensch anwesend zu sein, alle Kräfte im Brennpunkt des Augenblicks zu versammeln. Finden Sie genau heraus, was Sie und andere wirklich wollen. Das Bild betont Formung und Formulierung eines einheitlichen Willens. Es warnt zugleich vor innerer Zerrissenheit und einem permanenten Kampf gegen sich selbst und/oder andere.

Symbolgehalt: Ein Bild vom Spiel der Kräfte und von der Balance der Kräfte – ein Bild auch der persönlichen Festigkeit, mit der es jetzt für Sie darauf ankommt, Rückgrat zu zeigen! Die größte Ausgeglichenheit und zugleich Ihr Maximum an Kraft erreichen Sie, wenn Sie allen vorhandenen Kräften jeweils den Platz zuweisen können, auf dem sie sich am besten entfalten können. Das bedeutet: Es ist besser, danach zu forschen, wie sich vorhandene Kräfte gezielt einsetzen lassen, als darauf zu achten, wie vorhandene Schwächen am besten kritisiert werden können!

Setzen Sie für Ihre aktuellen Fragen all Ihre Kraft ein und verlassen Sie sich dabei auf Ihre Triebe und Instinkte (der rote Löwe) genauso wie auf Ihre höhere Einsicht und persönliche Weisheit (die weiße Frau). Sie besitzen und brauchen jetzt den Mut, sich voll und ganz zu engagieren. Folgen Sie dem, was Sie innerlich bewegt. Setzen Sie sich ganz ein, setzen Sie sich durch, greifen Sie zu.

Botschaft: „Diese Karte bedeutet eine Aufforderung, alle Extreme im täglichen Leben zu integrieren“, so heißt es bei Gerd Ziegler. Der Löwe in uns allen ist unsere Lebendigkeit, gepaart mit Willenskraft und Ich-Stärke.

Dieser Löwe lebt in jedem von uns. Und es kommt für Ihre aktuellen Fragen darauf an, dass Sie sich auf diese Löwenkräfte stützen und dass Sie die Menschen, mit denen Sie zu tun haben, nicht nur von der Verstandesseite her ansprechen, sondern auch als „Löwen“, die genauso wie Sie ein Bedürfnis nach Wildheit und Zärtlichkeit, nach Faszination und Abenteuer und vielem anderen mehr besitzen.

Praxis: Um dies zu erreichen, sind Widersprüche nicht nur nicht zu vermeiden, sie sind auch nötig und förderlich. Jedenfalls solange, bis immer wieder für den gegebenen Augenblick ein guter und gerechter Ausgleich der einzelnen Wünsche, Bedürfnisse und Ansprüche erreicht ist.

- ✦ Lernen sie auch von gegnerischen Positionen und erschüttern sie Halbheiten und Einseitigkeiten.
- ✦ Stützen sie sich dabei auf die vitalen Bedürfnisse von Kopf und Bauch aller Beteiligten.
- ✦ Nutzen Sie die bestehenden Widersprüche, um herauszufinden, wie Sie die verschiedenen Kräfte am besten verteilen und gleichzeitig zum Einsatz bringen können.
- ✦ Etwas zu erreichen, bedeutet auch, es als Eigenes zu begreifen. Setzen Sie sich mit Argumenten und Gegenargumenten auseinander und ziehen Sie die Summe daraus.

IX – Der Eremit

Bild: Die Laterne und das Licht darin sind Symbole des menschlichen Verstandes und unseres Anteils am „göttlichen" Licht. Jeder Mensch hat die Notwendigkeit, gewisse Probleme zu erkennen und zu beheben. Jede/r hat die Möglichkeit, die Welt ein Stück heiler zu machen.

In der Aufarbeitung der Widersprüche, die in uns und um uns bestehen, bestärkt sich unser Licht. Nicht die Flucht in Unzuständigkeit bringen uns der Kraft des *Eremiten* näher. Er verkörpert vielmehr einen Menschen, der zur gegebenen Zeit seine Probleme löst, ohne etwas unter den Teppich zu kehren. Darum geht es auch in Ihren aktuellen Fragen!

Symbolgehalt: Nach allgemeiner Auffassung wird mit dem Begriff „Verstand" der Gebrauch der Vernunft beschrieben. Der Geist oder die Vernunft, die wir begreifen können, ist nur ein Teil des Lichts, das hier im Bild vorhanden ist. Es gibt größere Erleuchtungen und Erhellungen, die über das Licht der eigenen Laterne hinausgehen. Und dennoch (oder gerade deshalb) ist es wichtig, wie wir unser eigenes Licht nutzen, ob wir es bereithalten oder nicht.

Wie ein *Eremit* zu leben, hat nichts mit den äußeren Formen von Verzicht oder Askese zu tun. Es geht, wie viele der historischen Eremiten formulierten, um ein Leben in der „Gegenwart Gottes". Und dies bedeutet ganz konkret und praktisch, Probleme zu lösen, die Erde zu heilen und das Leben zu heiligen.

Botschaft: Der *Eremit* verkörpert einen Menschen, der zur gegebenen Zeit seine Probleme löst und seine Aufgaben erledigt, ohne etwas unter den Teppich zu kehren. Indem er sich selbst vervollkommnet und die Früchte seiner Talente mehrt und erntet, trägt er dazu bei, unsere Erde zu heilen und in diesem Sinne in einen „jungfräulichen" Zustand zu versetzen.

Mit jedem Menschen wird die Weltgeschichte nicht nur ein Stück fortgeschrieben; jeder Mensch sieht sich mehr oder weniger auch vor die Notwendigkeit gestellt, die „Weltgeschichte" in sich noch einmal zu wiederholen, um sein eigenes Dasein zu verstehen und selbst zu gestalten. Damit gelingt die „Individuation", die Reifung und Integration des Ich-Selbst: „Werde, was du bist!"

Es wäre übrigens sehr oberflächlich, Einsamkeit oder Verlassenheit mit Abgeschiedenheit gleichzusetzen. Auch ein Leben mitten unter Menschen kann mit großer Einsamkeit erfahren werden, während das Leben in der scheinbaren Einsamkeit ein Leben mit reichen Erlebnissen, mit kosmischen und spirituellen Erfahrungen sein kann.

Praxis: Wenn Sie Ihre spirituelle Dimension begreifen, weitet sich der Verstand und Sie kommen in die glückliche Lage, mit allem – nicht mit jedem – *einverstanden* zu sein.

- ✦ Kümmern Sie sich um das Notwendige!
- ✦ Stützen Sie sich auf Ihre persönlichen Wahrnehmungen und Empfindungen.
- ✦ Nehmen sie die Wahrnehmungen und Empfindungen Ihrer Mitmenschen ernst.
- ✦ Lösen Sie Ihre Probleme, ohne neue Probleme damit zu schaffen.

X – Rad des Schicksals

Bild: Die vier Engel in den Kartenecken (die wiederum für die vier Elemente Feuer, Wasser, Luft und Erde stehen), lateinische, hebräische und alchemistische Zeichen, die Schlange Seth und der Schakal Anubis besitzen jeweils zahlreiche Einzelbedeutungen. Insgesamt haben sie die Bedeutung, dass es jetzt *an der Zeit* ist, das Schicksal in einem größeren Zusammenhang zu verstehen. Machen Sie sich einen Reim auf die verschiedensten Eindrücke und Erfahrungen, runden Sie Ihre Erfahrungen zu einem Bild ab, sodass Sie den roten Faden, den Zusammenhang zwischen verschiedenen Phasen und Bereichen Ihres Lebens verstehen.

Im Bild ist keine menschliche Gestalt zu sehen. Dies ist eine Warnung davor, sich beim Studium der Lebensrätsel nicht selbst zu verlieren. Auf der anderen Seite ist es eine Ermunterung dazu, über sich hinauswachsen, über den eigenen Schatten zu springen und den Gesichtskreis zu erweitern.

Symbolgehalt: Die Zeit ist reif für ein neues Lebensniveau und einen größeren Rahmen, in dem sich Heilung, Ganzheit und existenzielle Betroffenheit zu Ihrem persönlichen Geschick verbinden. Ihre Erfahrungen fließen zu einem eigenen Weltbild zusammen. Und Ihr Weltbild wiederum bestimmt die Reichweite und den Sinn Ihrer Erfahrungen. In gewisser Weise werden Sie für sich immer Recht behalten mit allem, was Sie tun. Die Frage ist nur, ob Sie damit glücklich werden.

Das Glück besteht hier u. a. darin, die eigenen Wünsche und die Energien der anderen zu einem größeren Ganzen zu verbinden. Unser Glück, was immer es im Einzelnen sei, setzt voraus, dass wichtige Wünsche erfüllt und Ängste abgebaut werden. Dies gelingt am besten im *Zusammenspiel* von Individuum und Schicksal!

Botschaft: Wenn Sie Ihrer persönlichen Lebensweisheit und Ihren Regiekünsten im Alltag wenig trauen, dann verwandelt sich Ihr Schicksal in eine scheinbar objektive Sachfrage. Sie müssen dann dafür sorgen, dass Sie selbst mehr auf der Bildfläche erscheinen und die Fäden in die Hand nehmen. Wenn Sie sich aber zu viel zutrauen, kann es geschehen, dass Sie die Ereignisse aus dem Zusammenhang reißen, aus einer Mücke einen Elefanten machen (oder umgekehrt) und nach rein subjektiven Gesichtspunkten die Ereignisse willkürlich einschätzen.

Praxis: Die Zeit ist reif für größere Zusammenhänge und einfachere Lösungen. Wenn Sie in die Tiefe gehen, wachsen Sie über sich hinaus. Nehmen Sie Anteil am Weltgeschehen und die Welt wird Anteil an Ihnen nehmen!

- ✦ Ihr Glück ist umso größer, je mehr Sie in der Lage sind, unterschiedliche Wahrheiten gelten zu lassen, zu trennen und zu einem größeren Ganzen zusammenzufügen.
- ✦ Finden Sie den roten Faden, Ihren Zusammenhang im Gang des Schicksals.
- ✦ Das Schicksal liegt nicht in Ihrer Macht, aber Sie können lernen, damit umzugehen.
- ✦ Nicht in der Manipulation, sondern in der *Anerkennung* der Tatsachen (einschließlich vorhandener Wünsche und Ängste) finden Sie die größte Unterstützung für Ihren Erfolg.

XI – Gerechtigkeit

Bild: Es geht um den bewussten Umgang mit der Lebenskraft, die bewusste Lust, die Liebe zur Schöpfung. „Gerechtigkeit" ist hier kein abstraktes Prinzip, sondern die praktische Frage danach, wie wir vielfältigen, vitalen Bedürfnissen zur gleichen Zeit Genugtuung und Befriedigung verschaffen.

Die vorherrschende Farbe Rot ist die Farbe der *libido,* des Herzbluts, der Triebenergie. Mit Waage und Schwert werden die Triebimpulse gerichtet – am besten weder abgerichtet noch abgeurteilt, sondern auf- und ausgerichtet. Hüten und schützen Sie sich vor sinnlosen Idealen und vor Gewalt im Namen der Liebe. Geben Sie der Lebenslust eine neue, bewusste Chance.

Symbolgehalt: Das Bild spricht davon, Energien auf breiter Basis aufzunehmen, abzuwägen und auf die Spitze zu treiben. Das reichliche Rot im Bild steht für Vitalität, Lust und Leidenschaft; Schwert und Waage, die Waffen des Geistes sind dafür da, diese bewusst zuzuspitzen.

Das bedeutet, das „Es“ anzunehmen und aufzuheben. Es geht um den bewussten Umgang mit der Lebenskraft, mit Gelüsten und Leidenschaften. Dieser „gute und gerechte“ Umgang mit der Libido ist mit einem anderen Wort die Liebe!

Botschaft: Üben Sie die Kunst des Liebens! Für viele Menschen stellt die *Liebe* vor allem eine Gefühlsfrage dar. Doch weit gefehlt. Schon Shakespeare formulierte: „Die Augen der Liebe sind die Augen des Geistes“. Ohne Bestätigung und Erfüllung eigener Gefühle, Wünsche und Vorlieben können wir zwar kein Glück erfahren. Doch selbst das Maximum an Glück muss noch keine Liebe sein. Liebe ist eine Lebenseinstellung, eine Sache des Bewusstseins, eine Frage der alltäglich praktizierten Gerechtigkeit gegenüber allem, was lebt.

Glück ist die *Gnade der Vollendung* des Ich-Selbst. Liebe aber ist die persönliche *Einheit mit der Schöpfung*, mit allen Geschöpfen, einschließlich und auch völlig jenseits des Ich-Selbst.

Praxis: Die Liebe zu „Gott“, zu seiner Schöpfung und allem Lebendigen ist das Größte. Hier geht es um den Weg der Liebe. Um die Liebe, die sich nicht nur auf die eigene Person oder die engsten Beziehungen bezieht, sondern auch als Daseinszustand, als Intensität und Qualität des Lebens verstanden wird.

- ✦ Finden Sie hinter den vielen Gesichtern, den verschiedenen Erscheinungen und Ereignissen den Zugang zum Wesentlichen.
- ✦ Hier geht es um die Mitte von etwas, das größer ist als Sie selbst. Zum Beispiel die Mitte einer Freundschaft, einer Beziehung oder Partnerschaft, einer Familie, einer Arbeitsgemeinschaft usw.
- ✦ Hüten und schützen Sie sich vor sinnlosen Hemmungen und Unverschämtheiten.
- ✦ Je genauer die Ermittlung, umso liebevoller das Urteil!

XII – Der Gehängte

Bild: Nicht eine Situation der Schwäche, vielmehr eine des bestimmten Glaubens und der Passion, der gelebten Leidenschaft, ist hier angezeigt.

Eine Passionsgeschichte ist zum einen eine Leidensgeschichte – auch dies kann sich in dem Bild darstellen. In diesem Fall warnt Sie die Karte davor, dass Sie sich „hängen lassen“. Zugleich zeigt das Bild eine Phase der Prüfung: Finden Sie heraus, wie sehr und wie weit es richtig ist, sich zu wehren, und inwieweit es besser ist zu akzeptieren! Neben der Leidensgeschichte gibt die Karte aber auch das Sinnbild einer lebendigen Passion, wenn Sie sich mit Ihrer ganzen Existenz dem anvertrauen, woran Sie wirklich hängen!

Symbolgehalt: Manchmal ist es richtig, sich Dingen anzuvertrauen, auch wenn einem dies auf den ersten Blick gar nicht gefällt. Dann aber gibt es Situationen, in denen jede Art von Vertrauen, Akzeptanz oder Auslieferung grundverkehrt wären und in denen man sich mit allen zur Verfügung stehenden Kräften gegen bestimmte Abhängigkeiten wehren muss.

Der *Gehängte* hängt an dem, woran er glaubt, und er glaubt an das, woran er hängt. Die umgekehrte Position, die umgekehrte Perspektive hat auf der einen Seite eine sehr erfreuliche Bedeutung: Der *Gehängte* besitzt einen durchaus üblichen, einen klaren und eindeutigen Standpunkt. Nur dass sein Bezugspunkt nicht auf der Erde, nicht irdisch definiert ist. Sein „Standpunkt" ist die himmlische, die transzendente Perspektive. Das lässt sich im religiösen Sinne verstehen. Aber auch in dem anderen Sinn, der in dem Wort mitschwingt: „Des Menschen Wille ist sein Himmelreich."

Im schlimmsten Fall aber zeigt diese Tarot-Karte eine Auslieferung an den eigenen Glauben oder Unglauben, die grundverkehrt ist. Das Verkehrte kann der banale Irrtum sein, aber auch die Perversion (lateinisch „Verkehrung").

Botschaft: Zwischen positiver und negativer Bildbeschreibung liegt die neutrale Bedeutung dieser Karte, die schlicht und ergreifend für die Natur, den Wert der anderen Seite plädiert, für das Recht auf Verkehrung und Umkehrung. Etwas Ver-rücktes, etwas Absurdes liegt in diesem Bild, und dieses „ganz andere" muss man auch als anderes akzeptieren.

Sobald ich das Fremde, das andere oder Unbekannte sofort mit den bereits bekannten Bildern und Vorstellungen vergleiche, verpasse ich es. Es gehört zu den großen Leistungen sowohl der Mystik wie auch des Surrealismus, dass sie auf die Wirklichkeit des „ganz anderen", auf die Erfahrung von *neuen Augen* oder *anderen Augen* immer wieder hingewiesen haben.

Praxis: Für Ihre täglichen Fragen bedeutet diese Karte, dass vieles, an das Sie glauben, woran Sie hängen und was an Ihnen hängt, „durchgecheckt" wird.

- ✦ Prüfen Sie, woran Sie glauben.
- ✦ Untersuchen Sie die Anhaltspunkte, die Sie für Ihre Einstellungen und Glaubenssätze besitzen.
- ✦ Wenn Sie Ihren Glauben geprüft haben, scheuen Sie sich nicht, sich ihm restlos anzuvertrauen.
- ✦ Verstehen Sie die große Kraft der Leere, des Verzichts auf scheinbare Gewissheiten.

XIII – Tod

Bild: Trauer über Tod und Verlust ist unvermeidlich. Doch die grausamen Ängste, die das Verdrängen des Todes mit sich bringt, sind unnötig und unwürdig. Man kann tot sein, lange bevor man stirbt. Und man kann leben, lange nachdem man gestorben ist!

Der Sensenmann will etwas ernten! Er will Früchte nach Hause tragen. Das ist der Beruf des Schnitters. Daher die Erntekrone, welche der schwarze Reiter in seiner Standarte trägt. Trennen Sie sich von dem, was tot ist, aber behalten Sie, was lebt. Stellen Sie fest, was jetzt zur Ernte reif ist und wo Sie umgekehrt Platz schaffen sollten für eine neue Aussaat.

Symbolgehalt: *Etwas geht zu Ende.* Geht etwas Schönes zu Ende, sind wir traurig. Wird etwas Schlimmes beendet, sind wir froh.

Aber das Bild sagt auch: *Es gibt etwas zu erledigen!* Sie selbst sind der Schnitter und der Sensenmann. Dies lässt sich als Warnung vor Gewalttätigkeiten begreifen, die Sie ausüben oder erleiden. Und es lässt sich als Ermunterung zu „positiven Aggressionen" verstehen, d.h. zu einschneidenden Veränderungen. Es gibt etwas zu ernten!

Loslassen und ernten: Man muss nur wissen, dass der Tod genau wie die Geburt zum Leben gehört. Nicht mehr und nicht weniger. Dann kann man im Leben bewusster und gezielter darauf hinwirken, die gegebenen Talente zu vermehren und die vorhandenen Möglichkeiten zu ernten.

Botschaft: „Und solang du das nicht hast, / dieses: Stirb und Werde! / bist du nur ein trüber Gast / auf der dunklen Erde" (J. W. v. Goethe).

Wichtig ist außerdem der Tod als *Tod des Ego.* Diese Auffassung schlägt sich z.B. in dem schönen Satz nieder „Sterbe, bevor du stirbst". Zugleich drückt dieser Satz die Aufforderung aus, sich selbstständig mit dem Thema von Sterben und Tod auseinander zu setzen. Man soll nicht erst darauf warten, dass Krankheiten oder Katastrophen zu einer solchen Auseinandersetzung zwingen.

In dieser aktiven Auseinandersetzung mit Leben und Sterben geschieht Folgendes: Es wächst das Verständnis, dass jeder Mensch ein eigenes Leben führt und dass es persönliche Betroffenheiten gibt, die vom Strom der Seelen durchaus zu unterscheiden sind. Es gibt etwas Eigenes, das jeden Menschen auszeichnet, etwas Einmaliges. Eine bewusst erfahrene und gelebte Einmaligkeit aber ist ein anderes Wort für Ewigkeit.

Praxis: Ausgerechnet die Karte *Tod* macht in schöner Weise klar, dass es weder darum geht, den Tod zu verdrängen, noch darum, sich ihm auszuliefern. Vielmehr geht es um die Berufung zur persönlichen Freiheit und zur persönlichen Einmaligkeit.

- ✦ Trennen Sie sich von dem, was überholt oder unfruchtbar ist.
- ✦ Akzeptieren Sie bei sich und Ihren Mitmenschen Trauer, „grundloses Weinen" und andere sonst eher verdrängte Emotionen. Sie sind für Ihre aktuelle Situation besonders wichtig.
- ✦ Stellen Sie fest, was jetzt reif zur Ernte ist und was nicht – schaffen Sie Platz.
- ✦ Die Karte fordert auch zu positiven Aggressionen auf, zur Kraft, notwendige und einschneidende Veränderungen selbst vorzunehmen.

XIV – Mäßigkeit

Bild: Die große Versöhnung, die Aufhebung der Gegensätze. Das rechte Maß – die *Mäßigkeit* war in der Antike einer der vier Kardinaltugenden. Aber auch: Triumph des Wunschdenkens, falsche Suche nach dem Absoluten, symbolisches oder theatralisches Leben.

Die Karte ermuntert, die Widersprüche des Lebens selbst in die Hand zu nehmen. Sie sollen Tatsachen weder ignorieren noch vor ihnen kapitulieren. Tatsachen lassen sich ändern, sie sind eine Sache der Tat.

Hüten und schützen Sie sich vor Manipulationen. Die Anerkennung aller (!) Tatsachen erzielt den maximalen Erfolg. Die Kluft zwischen Wunsch und Wirklichkeit, bewusstem und unbewusstem Willen kann überbrückt werden. Eine lustvolle Verwandlung, in der die bisherigen Fakten umgeschmiedet werden.

Symbolgehalt: Die Karte steht für die Läuterung durch das Feuer, was sich in der christlichen Vorstellung im Bild des Fegefeuers darstellt. Das bisherige Ich (die Ego-Seele) oder der bloß willkürliche Wille muss immer wieder sterben, damit eine höhere Einsicht und eben ein stimmiger Wille neu geboren werden können.

Auch die Alchemisten haben vor einigen hundert Jahren einen im wahrsten Sinne des Wortes springenden Punkt erraten und erahnt, der zu ihrer Zeit sehr neu war, uns heute allerdings nicht mehr sehr überraschend erscheint: Jede feste Masse stellt unter gewissen Voraussetzungen ein Äquivalent, einen gleichwertigen Ausdruck für Energien dar. Grobstoffliche Materie lässt sich in feinstoffliche Energie transformieren und umgekehrt.

Botschaft: Im guten Sinne stellt diese Karte unsere Fähigkeit dar, über uns hinauszuwachsen, auch scheinbar unversöhnliche Widersprüche wie Feuer und Wasser miteinander in Einklang zu bringen. Eine produktive Spannung zwischen den verschiedenen Seiten des Lebens wird zum Ausgangspunkt für ein kunstvolles, kreatives und „himmlisches" Leben.

Auf der einen Seite zeigt sich hier das höhere Selbst, der persönliche Schutzengel. Und auf der anderen Seite eine gespaltene Persönlichkeit, ein Mensch „wie aus einer anderen Welt". Es fehlt dann ein persönliches Bewusstsein, in und mit dem man seine verschiedenen Lebenserfahrungen miteinander verbinden und verarbeiten könnte.

So zeigt das Bild im negativen Sinn keinen guten Geist, das höhere Selbst, das Magnum-Prinzip für das eigene Leben, sondern den Traumtänzer, den Fantasten, der auch tagsüber schlafwandelt, den unverantwortlichen und verständnislosen Menschen. Er kann sehr kenntnisreich sein und trotzdem keine Ahnung haben.

Praxis: Ihre Aufgabe und Ihr Glück bestehen nun darin, die vorhandenen und unvermeidlichen Widersprüche produktiv zu verarbeiten.

- ✦ Jetzt geht es darum, die Widersprüche Ihres Lebens selbst in die Hand zu nehmen – und daraus zu lernen.
- ✦ Ihre aktuellen Fragen fördern und fordern Einsicht und Verständnis!
- ✦ Sie sollen Tatsachen weder ignorieren noch vor ihnen kapitulieren.
- ✦ Nehmen Sie die Dinge, wie sie sind, und machen Sie etwas daraus, das besser ist.

XV – Der Teufel

Bild: Lassen Sie sich nicht ins Bockshorn jagen. Hier haben Sie die Chance, sich ein paar alte „Hörner“ abzustoßen.

Symbolgehalt: Die Gefahren bekämpfen oder vermeiden und die Chancen wahrnehmen und verwirklichen; dies gilt für jede Karte, für den Teufel aber ist dies zwingend, wenn man nicht in die Zwickmühle von Verteufelung einerseits und Verherrlichung und Verharmlosung andererseits geraten will!

Diese Karte symbolisiert also die Fähigkeit, Licht und Erkenntnis in zuvor dunkle Tiefen zu bringen. Oft spiegelt diese Karte daher wider, dass Tabus sich verändern.

Man begegnet auf der einen Seite einem „Vampir", einem Teil der eigenen Natur, mit dem man sich selbst und anderen das Leben schwer macht. Es geht hier um zerstörerische und selbstzerstörerische Mechanismen. Diese Seite des *Teufels* fürchten wir zu Recht – und wer sie noch nicht fürchtet, sollte sie fürchten lernen! Diesen Teil müssen wir unter Tabu stellen. Dieser Teufel kann als Mist auf dem Acker des Lebens immer noch als Humus wirken – und dabei zu Staub zerfallen.

Auf der ganz anderen Seite begegnet man einem „Kellerkind", einem Teil der eigenen Natur und der eigenen Möglichkeiten, den man an sich selber bisher stiefmütterlich oder stiefväterlich behandelt hat. Dieses Kellerkind ist deshalb noch so ungestaltet wie ein noch ungeborenes Leben, weil man ihm bisher noch keine Chance gegeben hat, weil es entweder noch nicht die richtige Zeit dafür war oder weil man es verdrängt, weggepackt oder sogar bekämpft hat. Mit dieser Seite des Teufels empfinden wir zu Recht Mitleid und Mitgefühl. Beim „Kellerkind" müssen Tabus abgebaut werden, um es in das persönliche Leben zu integrieren.

Botschaft: Bei dieser Karte ist es erforderlich, zum „Tabuarbeiter" zu werden (zur „Tabuarbeiterin"). Die Auseinandersetzung mit Tabus kann jedoch sehr anstrengend sein. Es dauert seine Zeit, bis Freund und Feind, „Kellerkind" und „Vampir" deutlich zu unterscheiden sind.

Bis diese Unterscheidung klar ist, gehört es zur Begegnung mit Tabus, dass sehr gemischte Gefühle vorhanden sind. Die Lust und die Sehnsucht nach dem Kellerkind mischen sich mit dem Widerstand und der Abscheu gegenüber dem Vampir.

Praxis: Das Bild muss in zwei Bedeutungen geteilt werden. Sinnvolle Tabus müssen von sinnlosen unterschieden werden, so öffnet sich die Tür, die Sie über die Schwelle führt.

- ✦ In Ihren aktuellen Fragen ist es von entscheidender Bedeutung, dass Sie chaotische Gefühle und Erfahrungen weder vermeiden noch bestärken.
- ✦ Geben Sie dem Unbekannten Raum und setzen Sie sich mit viel Liebe und Unterscheidungsvermögen mit bisherigen Tabus auseinander.
- ✦ Lassen Sie die Zeit für sich arbeiten. Lassen Sie das Unbekannte Platz nehmen und sich setzen, bis Sie Freund und Feind deutlich unterscheiden können.
- ✦ Fassen Sie den Mut, Talente und Möglichkeiten neu zu bestimmen.

XVI – Der Turm

Bild: Denken Sie zunächst einmal an Fallschirm- oder Turmspringer, um zu spüren: Es kann auch eine Lust sein, „aus allen Wolken zu fallen“ …

Manche Erschütterung kann mit diesem Bild angezeigt sein (manchmal auch mit der Konsequenz, dass Sie sich gegen falsche oder übertriebene Erschütterungen wehren sollten, denn man sollte eine bestimmte Position auch nicht zu schnell aufgeben). Doch ebenso liegt im Bild eine Erkenntnis: Bisher war es vielleicht nicht schlecht oben in dem Turm. Aber jetzt erkennt man die Isolation oder die Versteinerung, die Abgehobenheit, kurz, die Entfernung und die Entfremdung des Elfenbeinturms.

Gewalt einerseits und Liebe andererseits sind die in sich völlig gegensätzlichen Pole im Umgang mit besonders großen Energiemengen. Die Liebe fördert unsere Stärke und sie schützt uns auch am besten gegen jede unerwünschte und gewaltsame Härte.

Symbolgehalt: Zwei besondere *archetypische Bilder* spricht der *Turm* an: Den *Turmbau zu Babel* und das *Pfingstereignis.* Der Turmbau zu Babel ist Inbegriff des menschlichen (und eines speziell „männlichen“) Größenwahns (einfach der untaugliche Weg, um „Gott“, den Himmel und das Absolute zu erreichen). Er führte zum Verlust des Turms und zur babylonischen Sprachverwirrung! Das Pfingstereignis steht umgekehrt für die *Aufhebung der Sprach- und Verständigungsgrenzen.* Erfüllt vom Heiligen Geist, so heißt es in der Bibel dazu, begannen die Jünger Jesu zu sprechen, und jede/r der Anwesenden hörte sie in der eigenen Sprache reden!

Babel und Pfingsten beleuchten somit die Gefahren und Chancen dieser Karte. Hier geht es um „zwei völlig verschiedende Arten, ‚aus dem Häuschen‘ zu geraten. *Gewalt* zerstört und führt zu Sprachlosigkeit und Verwirrung. *Liebe* dagegen hebt die Sprachbarrieren auf, sie ermöglicht Verständigung über alle Grenzen hinweg“ (E. Bürger/ J. Fiebig).

Botschaft: Zunächst warnt die Karte vor Überheblichkeit und vor Haltlosigkeit. Unabhängig von einer Religion geht es hier darum, der Schöpfung und der Lebendigkeit ins Auge zu schauen.

Das zu erleben kann manchmal mit einem Gewitter oder einem Sturm zu vergleichen sein. Manchmal wirkt es jedoch eher wie ein milder Kerzenschein oder wie die Ruhe *nach* dem Sturm. Ein Sprung ins Leere (in das noch Unbekannte) oder ein Fliegen im warmen Wind – der *Turm* besitzt sicherlich viele Erscheinungsformen.

Praxis: Jeder Mensch sieht die Welt mit eigenen Augen. Wenn er sie nur und ausschließlich mit eigenen Augen betrachtet, ergibt sich eine „babylonische“ Verwirrung. Wenn es jedoch gelingt, dem anderen mit Liebe und Erkenntnis ins Auge zu schauen, wird Sehen auch zum Verstehen.

- ✦ Setzen Sie Ihre ganze Energie ein.
- ✦ Stellen Sie sich auf Prozesse und Ereignisse von großer Durchschlagskraft ein.
- ✦ Sie schützen und Sie hüten sich umso besser vor gewaltsamen und lieblosen Zumutungen, je bewusster und beherzter Sie mit den starken und stärksten Energien umgehen.
- ✦ Lernen Sie, „den Tiger zu reiten“.

XVII – Der Stern

Bild: *Reiner Geist, wahre Schönheit:* Kosmische Klarheit und persönliche Brillanz, doch auch gefrorene und fixierte Gefühle. Als Licht in der Nacht verkörpert der *Stern* unsere *Hoffnungen.* Er ist ein Inbegriff unserer Wünsche, aber auch jener Wunschträume, denen es an Bodenständigkeit fehlt.

Die Karte kann sogar für Unverschämtheiten sowie für eine übertriebene Suche nach Sensationen stehen, wie sie sich in vielen Formen des Star- und des Fan-Kultes darstellt.

Symbolgehalt: Der Fuß auf dem Wasser ist ein bemerkenswertes Einzelsymbol – das Detail steht, wie immer, für das ganze Bild: Es warnt vor einer

Abschottung oder Vereisung der Seele. Die Seele ist dann hermetisch abgeschlossen, unzugänglich. Auf der anderen Seite stellt der Fuß auf dem Wasser ein Sinnbild für die *Tragfähigkeit der Seele* dar. Über Wohl oder Wehe entscheidet hier die Auseinandersetzung mit dem und die Aufklärung des Gefühlslebens, wofür die Tätigkeit der Bildfigur steht.

Der Schlüssel zum Stern ist ein geeignetes *Selbst-Verständnis.* Dieses besteht darin und entsteht daraus, dass man sich *in dieser Welt (in diesem Kosmos) selbst versteht.* Falls dieses Wissen fehlt oder schwach ist, ist die Suche danach der Schlüssel. Folgen Sie Ihrem Stern!

Die Nacktheit symbolisiert Körperlichkeit und Geschlechtlichkeit. Einerseits zeigt sich eine erstrebenswerte Offenheit, eine wünschenswerte Scham- oder Tabulosigkeit. Auf der anderen Seite kann dieselbe Nacktheit auch eine Unfähigkeit sich zu schämen signalisieren – als Zeichen einer persönlichen Vereinsamung und Beziehungslosigkeit. Nacktheit als Symbol warnt eben auch vor einer beschämenden Bloßstellung sowie vor Unverschämtheiten, die man erleidet oder ausstrahlt.

Botschaft: Die Sterne verkörpern die Unendlichkeit des Weltalls. „Kosmos" bedeutet im Altgriechischen *Ordnung und Schmuck.* Die Sterne sind in diesem Sinne kosmische Symbole, Sinnbilder für die Ordnung und die Schönheit der Schöpfung. Der einzelne *Stern* steht dafür, in einer riesigen Milchstraße von Sternen den eigenen Stern ausfindig zu machen.

Die Schattenseiten des *Sterns* sind schwer zu erkennen, weil hier zum Inhalt des Schattens gerade die Tabuisierung des Schattens gehört. Wo eine narzisstische Selbstverliebtheit oder Selbstverleugnung vorliegt, ist jede Auseinandersetzung mit sich selbst, die etwas tiefer gehen könnte, tabu!

Praxis: Weisen Sie also Hochmut und Ängstlichkeit zurück. Machen Sie die Brillanz, die Schönheit und die Logik Ihrer Auffassungen, Ihrer Talente und Ihrer Erkenntnisse deutlich.

- ✦ Fassen Sie Mut auch zu unkonventionellen Lösungen und Entscheidungen.
- ✦ Kommen Sie auf den Punkt: Wer vom Glück immer nur träumt, muss sehen, dass er es nicht verpasst!
- ✦ Stellen Sie Ihr Licht nicht unter den Scheffel und billigen Sie das Gleiche allen anderen zu.
- ✦ Tauen Sie vereiste Gefühle auf. Schlimme Erfahrungen wollen verarbeitet und beendet, schöne Hoffnungen zu Ende geträumt und verwirklicht werden!

XVIII – Der Mond

Bild: Nach gängiger Auffassung steht diese Karte für das *kollektive Unbewusste,* für die „ozeanischen" Gefühle.

Damit sind Gefühle und Seelenklänge gemeint, die nicht nur einen Menschen, sondern ganze Gruppen oder große Gemeinschaften von Menschen betreffen. Zum anderen auch solche Gefühle, die sich auf die Gesamtheit des Lebensweges eines Menschen beziehen, ja, wenn man will, auf die gesamte Lebensdauer, die gesamte Reise einer Seele.

Symbolgehalt: Wie in einer Vollmondnacht, so kann es beunruhigend und aufwühlend sein, wenn Höhen und Tiefen des Lebens, die sonst eher im

Verborgenen schlummern, lebendig werden. Vielleicht begegnen Sie Stimmungen und Schwankungen, die Sie nur schwer einzuschätzen wissen. Fliehen Sie nicht und verschwinden Sie nicht von der Bildfläche. Vermeiden Sie es, wegzutauchen oder den Mond anzuheulen. Spielen Sie nicht den Wolf oder die erstarrte Salzsäule.

Das kollektive Unbewusste wird manchmal auch als „Reich der Mütter" oder als „das ewig Weibliche" bezeichnet. Das ist jedoch *symbolisch* zu verstehen. Hier finden sich alle noch ungelösten Probleme, alle noch unversuchten Lösungen, alle noch ungelebten Möglichkeiten der Menschheit. Neue Realitäten, aber auch verdrängte Wirklichkeiten regen sich.

Botschaft: Sie stecken mittendrin in diesen großen Gefühlen und Träumen! Es gibt keine Distanz. Hier hilft nur, sich freizuschwimmen. Das bedeutet zunächst, von der Vorstellung Abschied zu nehmen, Sie könnten alle wesentlichen Gefühle „in den Griff" bekommen. Zwar gibt es einige Gefühle, die wir beherrschen oder kontrollieren können. Aber es gibt größere Gefühle, die uns beherrschen; wir können nur lernen, die richtige Einstellung, den richtigen Umgang mit ihnen zu finden.

Die große Chance liegt dabei darin, dass Sie stets wie ein Tropfen mit dem Ozean wie ein Teil mit dem Ganzen verbunden sind. In allem, was Sie tun, auf Schritt und Tritt, sind Sie mit dem verbunden, woher Sie kommen und wohin Sie gehen! Die *glückliche Verheißung* dieser Karte ist die Erlösung des vormals Verdrängten: Tiefen und Höhen nehmen hier Gestalt an und können im Alltag aufgehoben werden, wenn Sie Ihr gewohntes Selbstverständnis erweitern.

Praxis: Auf jeden Fall eine Karte, die Sie ermuntert, das Herz zu öffnen und jede Befangenheit abzulegen.

- ✦ Prüfen Sie in Ihren aktuellen Angelegenheiten, wie Sie sich vor einem falschen Glauben schützen und ein berechtigtes Vertrauen stärken können.
- ✦ Es kommt jetzt darauf an, dass Sie Ihre eigenen Standpunkte in den großen und kleinen Fragen des Lebens ausbilden. Auch in den großen Fragen von Geburt, Hochzeit und Tod, von „Liebe, Tod und Teufel".
- ✦ Finden Sie die richtige Einstellung auch zu dem, was nicht mehr kalkulierbar und verstandesmäßig fassbar ist.
- ✦ Deuten Sie Ihre Träume. Und die Träume Ihrer Mitmenschen.

XIX – Die Sonne

Bild: Was ist besser, als sein „inneres Kind“ zu pflegen? Ein Neuanfang, durch den Sie Erwachsene/r und Kind zugleich sein können – nicht nur innerlich, sondern auch nach außen! Diese Karte ist eine Station der Geburt und des Anfangs, aber auch der Reife und Vollendung.

Symbolgehalt: Die Sonne spendet Licht, Wärme. Sie lässt wachsen. Die Sonne trocknet aus, härtet oder macht brüchig. Die Sonne sieht alles. Außer der Nacht. Die Sonne kann blenden. Sie produziert finstere Schatten.

Die Sonne ist aber auch Mittelpunkt des Sonnensystems, Symbol für „Gott“, für das kollektive Bewusstsein. Sodann Vatersymbol, Symbol auch für den Sohn. Daran schließen sich die vielen bekannten, z. T. umgangssprachlichen Bedeutungen von Sonne als Symbol der Lebensfreude, der Heiterkeit usw. an.

Botschaft: Der Mut, unangenehme Wirklichkeiten nicht zu verdrängen, sondern „bei Licht zu betrachten" und kreativ zu bearbeiten, ist der Schlüssel zu dieser Karte. Wo es an diesem Mut und der persönlichen Schöpfungskraft fehlt, zeichnen sich an dieser Karte Probleme ab:

„Puer aeternus" (der ewige Junge) heißt in der Tiefenpsychologie die seelische Weigerung, erwachsen zu werden. Charakteristisch für diese Haltung ist ein enormer Erfahrungsreichtum bei fehlender oder schwacher eigener Mitte. Sie kann schwächlich oder tollkühn, diktatorisch oder unterwürfig in Erscheinung treten: Jedes Mal fehlt die persönliche Mitte, welche als eigenes Zentrum in Korrespondenz mit der großen „Sonne" treten könnte.

Der *kleine Tyrann* besitzt umgekehrt nur seine persönliche Sonne und möchte diese zur Nabe des Weltgeschehens machen. Er kennt das eigene Selbst, aber nicht die große Sonne, das kollektive Bewusstsein.

Es gehört ein bewusster Akt, eine gewollte Wandlung dazu, als Erwachsener „wieder" Kind zu werden. Dieser Akt wird die „zweite Geburt" genannt. Es gibt in unserer Gesellschaft ein riesiges Interesse daran, noch einmal neu anzufangen und in diesem Leben eine Wiedergeburt zu erleben. Hier wird symbolisch erklärt, wie dies funktioniert:

Der Weg der „zweiten Geburt" besteht darin, dass Sie sich als Erwachsene/r ein zweites Mal und diesmal selbst ins Leben rufen – und gleichsam den Sprung über die Mauer wagen. Nach der ersten Geburt, welche die Existenz eines jeden Menschen in dieser Welt eröffnet, stellt die zweite Geburt eine selbst gewählte Lebensgestaltung dar, die *Selbsterkenntnis und Welterfahrung* zum Hintergrund hat. An die Stelle eines herkömmlichen Verhaltens und Denkens tritt ein selbsterprobter Lebensstil.

Praxis: Als Erwachsener wieder Kind zu sein, ist etwas, das Sie von Nicht-Erwachsenen sowie von Nur-Erwachsenen unterscheidet: Sie sind in zwei Welten zu Hause und verfügen über ein unglaubliches Potenzial von Energie.

- ✦ Es ist für Ihre aktuellen Fragen von Bedeutung, dass Sie mit enormen Energiereserven rechnen.
- ✦ Riskieren Sie mehr Verantwortung und Hingabe.
- ✦ Erweitern Sie Ihren Horizont und Ihre Handlungskompetenz!
- ✦ Alles ist wichtig.

XX – Gericht

Bild: Mit der Darstellung des Posaunenengels und der geöffneten Gräber erinnert es an die christliche Vorstellung vom Jüngsten Gericht.

Nun, der jüngste Tag ist *heute.* Jeder Tag ist Abschied und Neuanfang. Es sei denn, Sie schleppen stets alten Ballast in den neuen Tag hinein. Dann bedeutet die Karte nicht Wiedergeburt, sondern Wiederholung.

Das „Jüngste Gericht" ist heute. Hier tut sich alles auf: Die „Beziehungskisten"; Probleme oder neue Möglichkeiten, mit denen Sie schon lange „schwanger" gehen; Bereiche, die Sie bisher wie ein „Blaubartszimmer" noch nicht berührt haben. Es ist eine Karte, die Sie auffordert, extreme

Seiten des Lebens zu unterscheiden und zu verbinden – so stellt es zumindest das Kreuz auf der Fahne dar.

Symbolgehalt: So kann die Karte Sie auch auffordern, sich jetzt mit Menschen oder Ereignissen auseinander zu setzen, die nur scheinbar schon „gestorben" waren. Dazu gehört es auch, sich selbst und/oder anderen zu verzeihen. Nehmen Sie Abschied von dunklen Stunden und alten Lasten. Begraben Sie sich nicht in Selbstvorwürfen oder Schuldgefühlen und Schuldzuweisungen. Geben Sie sich und anderen eine neue Chance.

Wenn Sie einen Strich unter Vergangenes ziehen können, fühlen Sie sich wie neugeboren. So können Sie immer wieder zu einem neuen Leben in diesem Leben auferstehen.

Botschaft: Vielen Menschen in der westlichen Welt erscheint heute „Wiedergeburt" (Reinkarnation) als eine verheißungsvolle Lösung. In der östlichen Philosophie, aus der der Reinkarnations-Gedanke stammt, erscheint die Wiedergeburt eher als ein *Fluch* und erst das Ende des Kreislaufs von Wiedergeburten verheißt Glück und Frieden.

Wenn man dies berücksichtigt, so folgt: Wesentliche Wünsche und Ängste, Schuldzuweisungen und Selbstvorwürfe müssen immer wieder durchgespielt und durchgearbeitet werden, bis der Keller der Vergangenheit und das Firmament der Zukunft geklärt und gereinigt sind. Erst dann leben Sie voll und ganz in der Gegenwart; dann bedeutet *Wiedergeburt* die Entdeckung einer neuen Lebensqualität, nicht Wiederholung, sondern *Transformation* des Alten.

Strecken Sie die Arme aus, um sich zu versöhnen oder um sich zu verabschieden. Ziehen Sie einen Strich unter das, was war. Lernen Sie verzeihen, ohne zu vergessen. Entwickeln Sie Leitbilder und Horizonte, die den wirklichen Erfahrungen und Bedürfnissen gerecht werden.

Praxis: Lieb gewordene Gewohnheiten und angewöhnte Unzulänglichkeiten kommen auf den Prüfstand. Jetzt zählt die tatsächliche Aufhebung und Transformation des Bisherigen.

- ✦ Wenn Sie die Schatten der Vergangenheit und die Vorzeichen der Zukunft klären und aufarbeiten, sind Sie bestens gerüstet und im Vollbesitz Ihrer Kräfte.
- ✦ Ergreifen Sie die Initiative, um sich zu verabschieden oder zu versöhnen.
- ✦ Lassen Sie sich nicht überwältigen. Sie können wählen.
- ✦ Lernen Sie, auch extreme menschliche Verhaltensweisen realistisch einzuschätzen.

XXI – Die Welt

Bild: Tanz des Lebens, Bewusstsein der eigenen Grenzen und Gelegenheiten: Die Gewissheit, dass alles seine Zeit besitzt, macht es Ihnen nun leichter, die Zeichen der Zeit erkennen und selber Zeichen setzen.

In den Ecken werden die vier Elemente durch Stier, Löwe, Adler und Engel/Jüngling dargestellt. Der grüne Sieger- und/oder Totenkranz besitzt eine elliptische Form. Das bedeutet: Er besitzt *zwei* Brennpunkte. Es sind ebenfalls *zwei* Zauberstäbe in den Händen der Bildfigur.

Symbolgehalt: Beide „Maßstäbe“ können und sollen hier ergriffen werden: Welterfahrung und Selbsterfahrung, der „kleine Kreis“ des Privaten, Häuslichen und Persönlichen ebenso wie der „Makrokosmos“, des Öffentlichen, des Politischen und des Allgemeingültigen. *Dabei muss der Mann sich in der Frau erkennen, um die Welt zu verstehen. Und die Frau muss sich in der Welt erkennen, um sich selbst zu verstehen.*

Der Zweck der Auseinandersetzung mit den Polaritäten des Lebens ist die Entdeckung der *persönlichen Wertmaßstäbe und der eigenen Lebensaufgaben.* Der grüne Kranz: Ihre Zeit und Ihr Raum oder Ihre Grenzen sind damit umrissen. Die hellblaue Offenheit: Sie können und sollen Ihren Zeit-Raum auf eigene Art füllen!

Botschaft: Ihr eigenes Dasein erfahren Sie vor dem Hintergrund der Geschichte als *Erbe und Auftrag.* Sie erkennen Ihre Bestimmung darin, aber auch Ihre Freiheit. Drehen und wenden Sie sich allen vier Himmelsrichtungen und Temperamenten zu. Ziehen Sie Ihre Bahn und verbinden Sie die unterschiedlichsten Erfahrungen zu einem großen, erfüllten Leben!

Eine eigene Zeit, ein eigenes Maß und ein eigenes Gewicht im Rahmen des großen kosmischen Geschehens stellen ein besonderes Glück und ein tieferes Lebensverständnis dar. Das Bild zeigt eine Situation der Geborgenheit, eine rundum erlebte Beheimatung in dieser Welt. Dennoch darf nicht übersehen werden, dass diese Karte auch eine Gefangenschaft darstellen kann. Wie eine Fliege im Bernstein oder wie ein Hamster im Laufrad, so kann die Tänzerin in ihrem Kreis gefangen sein. Dann hilft eines: Möglichst gründlich aus dem Rahmen zu fallen!

Praxis: Die richtigen *Lebensaufgaben* stellen sich als Summe aller Ihnen zugänglichen Erfahrungen dar. Diese Aufgaben sind groß genug, dass Sie all Ihre Kräfte ein Leben lang dafür einsetzen können. Sie sind auch wichtig oder wesentlich genug, dass sich der langfristige Einsatz dafür lohnt. Die richtigen Lebensaufgaben sind die Antwort auf die Frage, was für Sie persönlich wirklich zählt. Auf der anderen Seite stellt gerade die Suche nach dieser Antwort Ihre wichtigste Lebensaufgabe dar.

- ✦ Bleiben Sie in Bewegung und achten Sie den Puls, die Lebendigkeit, die in jedem Moment und in jeder Begebenheit enthalten ist.
- ✦ Befreien Sie sich von unerwünschten Abhängigkeiten und Vorschriften.
- ✦ Als Totenkranz gibt der Lorbeerkranz in den Bildern Anlass, über die Grenzen Ihrer Pläne und Ihres Planungsvermögens realistisch nachzudenken.
- ✦ Als Siegerkranz weist der Lorbeerkranz zugleich auf gutes Gelingen und auf den Lohn für Ihre verwirklichten Lebensaufgaben hin.

0 (XXII) – Der Narr

Bild: Häufig ruft das Bild den Eindruck hervor, der *Narr* könne von der Klippe stürzen. Doch dies ist eine Spekulation – und zwar eine sehr typische für die Bedeutung der Karte. Vom Bild her ist nicht zu erkennen, was sich unterhalb der großen Klippe (vorne links im Bild) befindet: Ein Abhang, eine Steilwand, eine weitere Klippe, ein anderer Felsvorsprung oder, oder …

Anders ausgedrückt: Das gerade ist (im schlechten Sinne) „närrisch“, sich über Ereignisse und Konsequenzen Gedanken und Sorgen zu machen, die jetzt, im Augenblick, einfach nicht beurteilt werden können. Nicht

Leichtsinn ist es, den wir vom Narren lernen sollen. Sondern die Fähigkeit, anwesend zu sein und voll bewusst im Moment zu leben.

Ungebundenheit heißt hier nicht Verantwortungslosigkeit, vielmehr Freiheit von unbegründeten Sorgen und Ängsten.

Symbolgehalt: Die Null ist ein Nichts und sie warnt Sie vor einem Leben nach der Devise „Außer Spesen nichts gewesen". Der Nullpunkt bezeichnet aber auch den innerpersönlichen Schnittpunkt, die Stelle des inneren Zusammenhalts; wie der Nullpunkt eines Koordinatensystems: Anfang und Ende von allem, was die eigene Person ausmacht.

Im Griechischen heißt „alles" Pan. Hier geht es um den Ursprung des Eigenen und somit um den *Mut zum eigenen Weg,* auch wenn Sie offen und ohne Deckung handeln werden.

Je ungewohnter der selbstständige Weg ist, umso mehr kommt Panik auf, falls dieser doch vonnöten wird. Pan-ik ist *alles auf einmal.*

Botschaft: Der *Narr* verkörpert das *Genuine,* das „Eingeborene", das Ursprüngliche, das in Ihnen steckt und Sie unverwechselbar macht.

Oft wird der *Narr* auch mit der Sehnsucht nach einem *Urzustand* gedeutet. Wer einmal dem stummen Zwang der Natur entronnen ist, für den oder die bedeutet aber „Urzustand" nicht eine Rückkehr, sondern einen Weg vorwärts; nicht den Verlust, sondern die Herstellung eines Bewusstseins, dem wieder *alle Möglichkeiten offen* stehen! Damit ist der Narr auch ein Symbol der *Freiheit.*

Als *Narr* sind Sie wunschlos glücklich. Das mag verlockend klingen. Aber es ist auch eine Warnung. Ihre Wünsche und Ängste sind Hypothek und Kapital zugleich. Nehmen Sie es nicht auf die leichte Schulter, wenn Sie das Gefühl haben, etwas zu versäumen. Erst die Aufhebung der Wünsche und der Ängste macht Sie im guten Sinne wunschlos glücklich.

Praxis: Als *Narr* sind Sie frei für Experimente und frei, daraus zu lernen. Frei, Antworten nicht zu kennen oder Ihre Position zu verändern.

- ✦ Bleiben Sie in Kontakt zu Ihren Quellen, zu Ihrem Ursprung als ganzheitliches Geschöpf, in dem sich Himmel und Erde vereinigen!
- ✦ Nehmen Sie es nicht auf die leichte Schulter, wenn Sie das Gefühl haben, etwas zu versäumen.
- ✦ Kapseln Sie sich nicht ab. Schenken Sie anderen Ihre Liebe und nehmen Sie Liebe an.
- ✦ Nehmen Sie Ihre persönliche Freiheit in Besitz und lösen Sie damit auch Ihre aktuellen Fragen.

KÖNIGIN DER STÄBE

KÖNIG DER STÄBE

RITTER DER STÄBE

PAGE DER STÄBE

AS DER STÄBE

II

III

IV

V

VI

VII
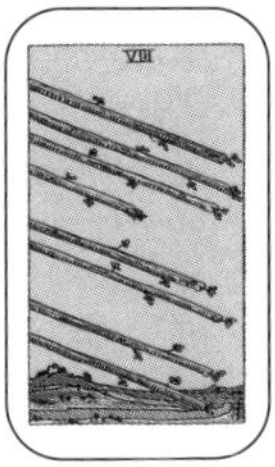
VIII

IX

X

Stäbe

Die Stäbe vertreten das Element Feuer.

Feuer bedeutet Lebensfeuer, Lebensenergie, Begeisterung und Lebendigkeit. In der Natur sind es vor allem die Sonne, Feuer aller Art und Blitze, die in ihren verschiedenen Erscheinungs- und Wirkungsformen die Kraft des Elements Feuer zur Geltung bringen. Im menschlichen Verhalten verleihen besonders die Daseinsfreude, der Wille und die Intuition der Feuerkraft Ausdruck.

Weitere Merkmale des Elements Feuer: Lebenslust und Selbstbehauptung, Trieb-, Zeugungs-, Schaffens- und Gestaltungskraft, Einsatzbereitschaft und Macht, Aggression und Durchsetzungsvermögen. Charakteristisch für das Element Feuer sind Entschlüsse und Taten. Schwierige Situationen („Feuerproben“) werden gemeistert, indem man etwas tut: „Es muss etwas geschehen.“

Zum Element Feuer gehören die Tierkreiszeichen Widder, Löwe und Schütze.

Schlüsselbegriff ist der Wille. Praktisch geht es bei einer Stab-Karte als Erstes darum, dass Sie etwas tun oder geschehen lassen. Auf die Bewegung und die Tat kommt es an.

Königin der Stäbe

Bild: Die schwarze Katze symbolisiert Eigenwilligkeit, ungestüme Lebens- und Sexualkraft, aber auch eine gewisse Aggressivität und Unbelehrbarkeit. Im Unterschied und in Ergänzung dazu steht die Sonnenblume. Lassen Sie Ihre Sonne scheinen!

Für Sie ist es wichtig, dass Sie mit Ihren Lebensenergien und Ihrer Sexualität in gutem Kontakt stehen.

Katze und Sonnenblume im Bild erinnern Sie daran, dass auch Ihre dunklen Seiten akzeptiert und ausgeleuchtet werden sollen und dass Sie genug „Sonne“, genug Kraft, Energie und Helligkeit besitzen, um auch die dunklen Seiten des Lebens zu bewältigen. Ja, Sie verfügen über die besondere Begabung, Schwierigkeiten nicht nur zu meistern, sondern aus ihnen sogar neue kreative Angebote herauszuholen.

Symbolgehalt: Die Katze ist eine beliebte Projektionsfigur; in der Bezeichnung „Katze" kann sich Bewunderung, aber auch Verachtung ausdrücken. Im Verlauf der Kulturgeschichte wurde viel von der ursprünglichen „animalischen Wildheit" der Katze auf Märtyrer- und Heldengestalten (von Herkules bis James Bond) hingelenkt, sie wurde zum Kuscheltier umerzogen (Pussy Cat) oder aber als Hexenwesen verdrängt oder bekämpft.

Die enorme Faszination der „Katze" ist dabei bestehen geblieben und schlägt sich bis heute in einer großen Zahl von Filmen, Schauspielen und Romanen, in denen „Cats" die Hauptrolle spielen, nieder.

Botschaft: Eine wesentliche Bedeutung dieser Karte besteht in der Selbst-Bestimmung. Da erscheint es unpassend, wenn Männer bei dieser Karte nach der „Traumfrau" (und Frauen bei der Karte „König der Stäbe" nach dem „Traummann" oder „Märchenprinzen") suchen, anstatt zu begreifen, dass dieses Objekt der Begierde Ausdruck ureigener Wünsche und Ängste ist und nirgendwo anders existiert als in einem selbst! Wenn Sie diese Karte ziehen, geht es darum, dass Sie diese gesammelten „Katzenkräfte" als Ihr Eigen begreifen.

Hören Sie auf, dem Glück nachzujagen, und nehmen Sie die Dinge, wie sie sind, einschließlich Ihrer Bedürfnisse, Ihrer Vorlieben und Abneigungen. Verfallen Sie nicht in Ungeduld, sondern gehen Sie Ihren Weg! Teilen Sie sich Ihre Aufgaben ein und betonen Sie jeden Schritt. Ihre besondere Stärke ist es, den ersten Anstoß zu geben. Ihre Selbstbehauptungskraft und eine lebendige Sexualität sind Garanten Ihres Wohlbefindens und Ihres Erfolgs.

Praxis: Ihre aktuellen Fragen erfordern Leidenschaft und Bewusstsein und immer eine besondere Treue zu sich selbst! Zeigen Sie, was in Ihnen steckt. Bestimmen Sie Ihre Lebensziele selbst und verwirklichen Sie Ihre Lebensfreude!

- ✦ Lassen Sie die Katze aus dem Sack! Zeigen Sie, was in Ihnen steckt.
- ✦ Nehmen Sie Rücksicht: Gebranntes Kind scheut das Feuer!
- ✦ Als Frau kommt es darauf an, dass Sie die Stab-Kräfte nicht den Männern überlassen, sondern Ihre eigene Power zur Geltung bringen.
- ✦ Als Mann müssen Sie die wilde Katze in sich selber finden und schließlich lernen, sie weder zu töten noch zu verhätscheln, sondern als Freundin zu gewinnen.

König der Stäbe

Bild: Vom Salamander (klein im Bild) heißt es, er könne durch das Feuer gehen, ohne darin umzukommen. Der Teil steht für das Ganze. Der Salamander steht stellvertretend für die ganze Bedeutung des *Königs der Stäbe,* dieser Majestät des Feuers. Es geht um die Meisterung des Feuers, um die Souveränität im Umgang mit Trieben und Motiven, Macht und Willen.

Der machtvolle Thron, nach oben ohne Ende, symbolisiert, dass für Sie der Himmel keine Grenzen kennt. Auch hölzernen Aggressionen und einem hehren Draufgängertum treten Sie am besten entgegen, wenn Sie ganz und gar für das, was Sie lieben, durchs Feuer gehen!

Der Stab symbolisiert Triebe und Wachstumskraft. „Über-treiben" Sie nicht. Doch halten Sie Ihr Feuer auch nicht auf Sparflamme! Wenn Sie Ihren Bedürfnissen untreu werden oder sich auf zu kleine, zu begrenzte Ziele versteifen, geht Ihnen Ihr Feuer aus. Ihr Feuer speist sich aus den großen Träumen und Idealen tief in Ihrem Innern. Manchmal bricht es aus Ihnen hervor. Wie ein Vulkan spucken Sie alles aus, was sich lange in Ihnen angesammelt hat. Aber warten Sie nicht zu lange!

Symbolgehalt: Auch Sie können Feuerproben aushalten und gestalten. Mehr noch: Sie brauchen sie sogar. Denn nur im Feuer können Ballaststoffe verbrennen; die Schlacke setzt sich ab und das Edle tritt hervor. Ihre Kräfte verschmelzen zu einem Ganzen. Feuerproben führen zur Trennung von Wesentlichem und Unwesentlichem.

Man beachte den Löwen auf der Rückenlehne des Throns. Er verkörpert Ihre Kraft, Ihren berechtigen Stolz und Ihr Selbst-Bewusstsein. Allerdings kann der Löwe auch für ein zwanghaftes Kämpfertum stehen, für eine kostspielige Selbstverständlichkeit und eine pfauenhafte Eitelkeit, die spät bemerkt, was hinter dem eigenen Rücken vorgeht.

Botschaft: Achten Sie, wenn Sie diese Karte ziehen, auf die Nebenwirkungen und die Kehrseiten der Sonne! Wenn Sie die Sonne vor Augen haben, können Sie geblendet werden. Wenn die Sonne genau über Ihnen steht, sehen Sie vielleicht überhaupt keine Schatten, und wenn Sie die Sonne im Rücken haben, sehen Sie dichte, überaus deutliche Schatten vor sich.

So kann es geschehen, dass Sie völlig ahnungslos oder aber überempfindlich auf die Schattenseiten des Lebens reagieren – und die blinden Flecken bei sich oder bei anderen entweder übersehen oder überbetonen. In jedem Fall bedeutet diese Karte, das eigene Feuer ganz in Besitz zu nehmen.

Praxis: Nehmen Sie also die Aufgaben und die Herausforderungen des Augenblicks an. Gehen Sie für das, was Ihnen am Herzen liegt, durchs Feuer. Greifen Sie zu, ziehen Sie sich nicht im entscheidenden Moment wieder zurück. Wenn Sie Feuerproben grundsätzlich bejahen, lässt sich gesunder Stress viel besser von ungesunden Belastungen unterscheiden. Gesunder Stress veranlasst Sie, statt Leerlauf und Zerstreuung den Weg in die Mitte zu finden und dort zu bleiben.

- ✦ Tun Sie alles für das, was Ihnen auf dem Herzen liegt.
- ✦ Für Frauen bedeutet dies oft, selbst die Führung zu übernehmen.
- ✦ Als Mann sollten Sie möglicherweise Ihre Ziele und Motive prüfen.
- ✦ Unterscheiden Sie ungesunden Stress von sinnvollen Feuerproben.

Ritter der Stäbe

Bild: Mit dem Stab mitten in der Wüste: Ein „wüstes" Leben oder aber die Kunst, die Wüste in einen Garten zu verwandeln. Verlieren Sie sich nicht in Wüstheit und spielen Sie nicht den Wüstling! Vielmehr geht es darum, dass Sie Ihre großen Träume und Ziele auch über eine Durststrecke führen.

Die Bewegung von Ross und Reiter springt besonders ins Auge. Ross und Reiter symbolisieren die bewusste und die unbewusste Seite Ihres Willens. Die bewusste Seite ist vor allem das, was Sie sich in den Kopf setzen, die unbewusste Seite jenes, was Sie unbedacht und spontan tun. Eine gute Intuition hilft Ihnen, Ross und Reiter zu einen.

Symbolgehalt: Ross und Reiter sind hier ein Ausdruck der Doppelnatur des Feuers, das einerseits ein Geschenk des Himmels (Himmelsfeuer, Sonne) und andererseits einen Spross der Erde (Feuer in der Erde, Erdkern) darstellt. Diese Doppelnatur ist schon in mythischen Zeiten in den Bildern des Zentauren oder des wilden Reiters dargestellt worden. Die Zentauren sind Doppelwesen, mit menschlichem Oberkörper und Pferdeleib. Die Figuren des wilden Reiters oder der wilden Reiterin reichen von den bogenschießenden Amazonen der Antike bis zu manchen Cowboy-Mythen.

Obwohl diese Doppelnatur Geschichte hat, so hat es doch ebenfalls Tradition, Ross und Reiter zu trennen. Das himmlische Feuer der Begeisterung wird gelobt und das „animalische" Feuer der Triebe oder der Wildheit verdrängt. Die Wehmut, das Fernweh und die manchmal schier unstillbare Sehnsucht, die dieses Bild beinhalten kann, spiegeln einen existenziellen Wunsch, jene verlorene Einheit von Ross und Reiter im persönlichen Leben wiederzuerlangen.

Botschaft: Sie verfügen über enorme Kräfte, ausdauernde Energien und weit reichende Ziele. Machen Sie etwas daraus! Gestalten Sie Ihre Interessen und Aufgaben zu einem großen Spannungsbogen.

„Sie werden eine große Reise unternehmen", erklären Wahrsager/innen üblicherweise, wenn diese Karte aufgedeckt wird. Im Sinne der Prognose einer Urlaubsreise usw. ist diese Deutung unsinnig; aber im übertragenen Sinne ist sie nicht völlig falsch: Der Lebensweg ist in der Tat eine große Reise, wenn man ihn dazu macht!

Eine große Begeisterungsfähigkeit wird durch das Bild angezeigt. Diese kann sich in puren Idealismus oder abenteuerliches Wunschdenken versteigen, aber auch echte Flügel verleihen.

Praxis: Kommen Sie aus sich heraus. Zeigen Sie Ihren Mitmenschen, was für Sie Trumpf ist! Das Leben ist zu kurz, als dass Sie Ihren Willen und Ihre Triebe auf ein „später" vertagen sollten.

- Bringen Sie Ihre Neigungen, Triebe und Talente unter einen Hut.
- Als Frau kann es besonders wichtig sein, selbstständig zu handeln und nicht „Tod und Teufel" zu fürchten.
- Für Männer kommt es häufig darauf an, feinfühliger zu werden für die Widersprüche der eigenen Person und die Widersprüche in den Beziehungen zu anderen.
- Setzen Sie sich anspruchsvolle Ziele und genießen Sie jeden Schritt auf dem Weg dorthin.

Page/Bube der Stäbe

Bild: Der Page oder Bube der Stäbe lebt in einer Situation, in der der Stab einfach *größer* ist als die Person selber. Der Trieb ist stärker als die Lebenserfahrung. Es geht um neuartige Erfahrungen. Tatendrang und die Lust am Wachstum stellen Sie vor die Aufgabe, über sich selbst hinauszuwachsen.

Unverbindliches Spiel mit dem Feuer oder ganz Feuer und Flamme? Die Flamme am Kopf: Schwärmerische Ideale oder eine zündende Idee, der Funke der Begeisterung?

Symbolgehalt: Im Vergleich zu dem, was Sie bewegt, ist die Erfahrung, die Sie mitbringen, gering. Das ist Ihre Gefahr, aber auch Ihre Chance! Und das ist typisch für eine Situation des Anfangs, in der wir immer auch vor der Aufgabe stehen, die bisherigen Anhaltspunkte loszulassen und sich für das Neue zu öffnen. Gleichgültig, ob Sie jung oder alt sind, hier erfahren Sie Frühlingsgefühle, neue Angebote, neue Herausforderungen, Chancen, neue Bewährungsproben und Bestätigungen für Ihren Willen und Ihre Lebendigkeit.

Wie bei allen Stab-Karten wird die Sexualität betont. Es geht einerseits um Sex, andererseits aber auch um die Lebensgeheimnisse (wie Geburt, Hochzeit, Tod usw.), die immer mit Körperlichkeit und Geschlechtlichkeit verbunden sind.

Daneben stehen die Stäbe stets auch für Wachstum, für Wettbewerb, Kampf und Spiel. Lassen Sie sich auf das Spiel ein. Lassen Sie sich berühren von neuen Menschen, neuen Ideen und neuen Wegen im Alltag. Folgen Sie ihnen, tun Sie, was Ihnen gut tut.

Hüten Sie sich bloß vor Unbedachtheit und Unentschlossenheit. Wenn Sie eine „neue Flamme" entdecken, dann bereiten Sie sich auch auf neue Erfahrungen vor. Was sich jetzt neu entwickelt, dürfen Sie nicht unbedingt an Ihren bisherigen Erfahrungen messen.

Botschaft: Jetzt ist eine gute Zeit für Sie, wieder spielen zu lernen: Neue Alternativen zu entdecken, verschiedene Möglichkeiten durchzuspielen, sich nicht nur auf ein Ziel zu versteifen, nicht nur Aufgaben zu erledigen und Pflichten zu erfüllen, sondern in Ihrer Arbeit wie in Ihren Mußestunden ganz wach zu sein und allem, was Sie tun, auch eine spielerische, beherzte und sportliche Note zu geben.

Wo gibt es Pläne und Wünsche, die Sie schon länger einmal verwirklichen wollten? Wo gibt es brandneue Vorschläge, Angebote oder Möglichkeiten? Sind Sie bereit, gewohnte Pfade zu verlassen? Bereit, Neues auszuprobieren oder zu akzeptieren? Lassen Sie neue Menschen in Ihr Leben treten? Je mehr dieser Fragen Sie bejahen, desto mehr sind Sie in der Lage, auch in altvertrauten Gegebenheiten immer wieder das lebendige Neue zu entdecken.

Praxis: In Ihren aktuellen Fragen geht es darum, sich zu engagieren und das „Eisen zu schmieden, solange es heiß ist".

- ✦ Verbrennen Sie alte Schlacken und alten Ballast.
- ✦ Halten Sie sich an allem fest, was Ihr Herz in Schwung erhält!
- ✦ Keine Angst vor Neuland! Nutzen Sie die Gunst der Stunde.
- ✦ Spielerischer Ernst führt jetzt am besten weiter.

As der Stäbe

Bild: Die Hand aus der Wolke: Es ist ein Geschenk des Lebens, dass Sie jetzt das Feuer noch einmal neu entdecken und in die Hand nehmen können. Das As der Stäbe steht für die *Einheit* des Feuers in Ihnen!

Die sprossenden Pflanzentriebe stehen auch für die menschlichen Triebe, für Ihre eigenen Triebe.

Der Stab schwebt in der Luft – er steckt nicht in der Erde. Das spricht für die Fähigkeit, sich zu lösen und zu bewegen; das Bild warnt allerdings auch vor Entwurzelung und Heimatlosigkeit. Die Burg im Hintergrund symbolisiert Selbstbewusstsein, Identität und Heimat. Sie verweist auf die

Doppelaufgabe, idealistische („himmlische") Energien zu erden und grobstoffliche, schwergängige („irdische") Energien emporzuheben, zu erheben und aufzurichten.

Symbolgehalt: Wie jeder Stab, so besitzt das As eine Bedeutung als Phallus-Symbol und als Hexenbesen. Darüber hinaus ist jeder Stab auch Knüppel, Keule, Sprössling und Wurzel, Baumaterial und Handwerkszeug. Als Phallus-Symbol sowie als Hexenbesen steht der Stab für unsere Sexualität, aber auch für unsere Selbstbehauptungskräfte, für den Willen und für die wunderbare Fähigkeit, immer wieder über sich hinauszuwachsen, neue Erfolge hervorzubringen und neue Wege einzuschlagen.

Zu den Trieben gehören „Grundtriebe" wie Selbsterhaltung, Sexualität und Fortpflanzung, aber auch „Kulturtriebe" wie Liebe und Aggression. Wenn Sie den Stab nun neu in die Hand nehmen, so ist damit die Chance verbunden, für Liebe und (positive) Aggressionen neue schöpferische Möglichkeiten zu entdecken, um sich auf der anderen Seite gegen unerwünschte Aspekte der Liebe und gegen (negative) Aggressionen zu schützen.

Die Kreativität ist die kunstvolle Nutzung des Feuers. Damit werden Chancen geboren und neue Lösungen gefunden.

Botschaft: Mit der Triebkraft des Feuers sind alle Wachstumsenergien des Lebens dargestellt. Oft wird bei der Deutung übersehen: Wachstum heißt auch Altern. Wenn man weiß, was man will, ist Altern kein Problem.

Wenn Sie eine Stab-Karte ziehen, dann geht es um Bewegung und Aktion. Tun Sie etwas und/oder lassen Sie etwas geschehen! Das As der Stäbe ermuntert Sie, in gewissen grundlegenden, elementaren Fragen Ihre Kräfte nicht zu vergeuden, sondern zu bündeln und damit den Anstoß zu neuen Taten und Aktionen zu geben. Werden Sie selbst zum Urheber oder zur Urheberin neuer Tatsachen und neuer Realitäten!

Praxis: Was Licht und Wärme spenden will, muss das Brennen aushalten! Bewusster Einsatz ist besonnener Einsatz. Hartherzigkeit wäre ebenso von Übel wie kraftlose Weichheit.

- ✦ Lassen Sie sich von niemandem das Gesetz des Handelns aufzwingen. Sie haben das Heft in der Hand.
- ✦ Räumen Sie mit falscher Überheblichkeit und unangebrachter Unterwürfigkeit auf. Sorgen Sie für Aufrichtigkeit.
- ✦ Klare Taten haben eine deutliche Sprache. Sprechen Sie sie und hören Sie auf sie.
- ✦ Sie haben die Macht, Ihren Willen zu behaupten und zu verwirklichen.

Stäbe II

Bild: Die Kugel in der Hand der Bildfigur ist Herrschaftszeichen, Weltkugel und Spielball. Hier geht es um Ihr „Reich", um Ihr Weltbild und darum, wie Sie „Ihren Ball ins Spiel bringen".

Lust und Last des Anfangs: die Kunst, mit vielen Menschen, Aufgaben und Energien etwas *anfangen* zu können. Nur wer auch Anfänger/in sein kann, lernt, ein Metier zu beherrschen. Lassen Sie sich nicht in eine Zwickmühle treiben. Sie haben die Kraft, „Herrscher" im eigenen Leben zu sein.

Beachten Sie, dass zwei Stäbe im Bild zu sehen sind, von denen die Bildfigur nur *einen* erfasst. Die Karte warnt Sie damit vor halbherzigen Entschlüssen und vor einseitigen Willensbekundungen. Andererseits ermutigt Sie sie dazu, genau zu unterscheiden, welche Ziele Sie jetzt weiterführen und welche nicht, welche Entschlüsse jetzt reif sind und welche nicht, was für Sie das Naheliegende ist und was für Sie in weiterer Ferne liegt.

Symbolgehalt: Wer immer große Herausforderungen zu kleinen Affären herunterspielt und „vom Hölzchen aufs Stöckchen" kommt, der produziert viel Kleinholz, viele Scheite – und scheitert! Man kann im Leben vieles erreichen und doch das Ganze verpassen – und umgekehrt lassen Sie vielleicht vieles scheitern, aber gewinnen das Ganze!

Wenn Sie sich der Interessen und Energien, die hinter bestimmten Problemen stecken, annehmen und diese in handlichen Portionen zum Einsatz bringen, stellen Sie Stück für Stück etwas Ganzes her. Sie produzieren Kleinholz, viele Scheite, um sich Ihr Feuer einzuteilen – das ist gescheit.

Botschaft: „Aller Anfang ist schwer", weiß der Volksmund. Dahinter stecken jedoch ein größeres Problem und eine tiefere Wahrheit: Jeder Mensch ist ein Archetyp. Archetypen sind zum einen Urbilder, seelische Muster und kollektive Vorstellungen, die z. B. aus antiken Zeiten stammen und bis heute unser persönliches Seelenleben prägen. Archetyp bedeutet vom griechischen Wort her aber auch: Selbst Urheber oder Urheberin zu sein, eben der oder die Erste auf einem bestimmten Terrain.

Dabei zählen Vertrauen in die eigene Kraft, Entschlossenheit und Beherrschtheit. Warten Sie solange, bis sich Ihre Sicht der Dinge rundet und bis Ihr Entschluss feststeht. Wenn Sie so weit sind, zögern Sie nicht länger, bringen Sie Ihren Ball ins Spiel! Handeln Sie mit ganzer Macht.

Praxis: Vermeiden Sie Stückwerk. Unterscheiden Sie eigene und fremde Absichten, kurz- und langfristige Aufgaben und arbeiten Sie, Stück für Stück, mit den eigenen und mit fremden Energien.

- Jetzt ist es Zeit für einen neuen Anfang, eine neue Qualität Ihrer Bemühungen.
- Lassen Sie sich nicht beunruhigen, aber lassen Sie sich bewegen von neuen Chancen, Aufgaben und Herausforderungen.
- Lassen Sie Ihr Feuer brennen. Teilen Sie sich Ihre Kräfte ein und sorgen Sie für neues Feuer, indem Sie nach neuen Wirkungskreisen oder zusätzlichen Betätigungsfeldern suchen.
- Bleiben Sie am Ball und schätzen Sie sich glücklich, dass sich Ihnen die günstige Gelegenheit bietet, wichtige Wünsche und Absichten auf den Weg zu bringen.

Stäbe III

Bild: Seien Sie geduldig und fest in Ihrem Willen. Halten Sie Ausschau nach neuen Lösungswegen! Suchen Sie Sonne – Besonnenheit –, auch und gerade wenn Sie sich mit Entschlossenheit engagieren. Bewusstheit in und bei Ihren Aktionen ist der springende Punkt. Lassen Sie sich nicht verheizen. Es gibt bessere Lösungen, die Ihre Begeisterung fordern und fördern.

Ein Bild mit einer bemerkenswerten Doppeldeutung: Der Blick der Bildfigur richtet sich nach vorne und gleichzeitig bietet sie dem Betrachter oder der Betrachterin ihre Rückseite dar. Der Rücken ist ein Symbol der Kehr- und der Schattenseiten. Gut, wenn diese „berücksichtigt“ werden.

Die kleinen Schiffe symbolisieren Handel, Bewegung und Überbrückung von Schwierigkeiten. Als Warnung zeigen sie aber auch einen mangelnden Tiefgang an: Man bleibt an der Oberfläche und versteht die Vorgänge in den Tiefen des Unbewussten nicht („Denn sie wissen nicht, was sie tun").

Symbolgehalt: Die Farben des Bildes betonen Feuer und Sonne. Wenn andere mit viel Sonne in Erscheinung treten, kann es passieren, dass Sie geblendet werden. Wenn Sie selbst mit viel Sonne leben und handeln, dann blenden Sie möglicherweise andere; und/oder Sie erschrecken, weil Sie mit Ihrem starken Licht in Schattenbereiche hineinleuchten, die für andere möglicherweise ein Tabu darstellen.

Botschaft: Kraftmeierei und Willensanstrengung führen Sie jetzt ebenso wenig weiter wie ängstliches Zaudern oder geduldiges Zuwarten. Für die gegebenen Probleme gibt es intelligentere Lösungen. Diese werden Sie umso leichter finden, als Ihnen die Doppelnatur der Sonne bewusst ist:

Es gibt eine Sonne am Tag, aber auch in der „Hitze der Nacht": eine Bewusstheit, die in Ihren geplanten Handlungen steckt, und eine Logik, die sich in ungeplanten Ereignissen verwirklicht. Sie mögen die besten Absichten haben, aber erreichen andere Resultate.

Sorgen Sie dafür, dass in Ihrem Leben die Sonne scheint – nicht als Verdrängung der dunklen Seiten, sondern als Erleuchtung und Aufhebung von Finsternis und Schatten. Seien Sie geduldig und fest in Ihrem Willen. Suchen Sie Besonnenheit, auch und gerade wenn Sie sich mit Entschlossenheit engagieren. Bewusstheit in und bei Ihren Aktionen ist der springende Punkt. So schaffen Sie eine Begeisterung, die sich vom bloßem Mitgerissensein dadurch unterscheidet, dass sie weiß, was sie tut. „Wenn du weißt, was du tust, kannst du tun, was du willst." (Moshé Feldenkrais)

Praxis: Es gibt bessere Lösungen, die Ihren ungeteilten Einsatz und Ihre ganze Kraft erfordern und fördern. Mit Begeisterung erreichen Sie Ihr Ziel. Setzen Sie Ihren Geist in Bewegung und handeln Sie damit. Widersprüche und Gegensätze sollen nicht nur ertragen, sondern auch zum Gegenstand der Entdeckung, zum Anreiz für neue und kreative Möglichkeiten gemacht werden.

- ✦ Halten Sie Ausschau nach neuen Lösungswegen!
- ✦ Vertrauen Sie der Kraft der höheren Einsicht!
- ✦ Seien Sie geduldig und fest in Ihrem Willen.
- ✦ Nehmen Sie Schwierigkeiten nicht als Hindernis, sondern als Ansporn, als neue Energie.

Stäbe IV

Bild: Eine Zeit des Feierns, eine Situation der Hochstimmung und des pulsierenden Lebens. Auf keiner anderen Karte aus dem Waite-Tarot sind allerdings die Bildfiguren so klein gezeichnet wie auf dieser Karte. Die Gefahr besteht hier darin, dass Sie im Trubel untergehen. Große Spannungen, Aufgaben oder Energien können hier die unangenehme Konsequenz mit sich bringen, dass Ihre Weiterentwicklung und Ihr Wachstum gebremst werden. Irgendetwas hindert Sie dann, zu voller Größe aufzulaufen.

Sorgen Sie daher dafür, dass Sie nicht ins Abseits gestellt werden bzw. sich selber stellen. Bringen Sie Ihre *ganzen* Bedürfnisse zur Geltung.

Ist dies gegeben, dann ist die Größe der Bildfiguren als solche ganz in Ordnung. Sie stellt dann nur ein grafisches Mittel dar, einen Vergleich, der deutlich macht, wie *hoch* die Stäbe und die Girlande in den Vordergrund ragen. Dies ist ein Symbol der Hochspannung und besagt: Gerade *weil* Sie und andere sich ganz ins Geschehen einbringen, entsteht eine Hochenergie (high energy). Hier werden Sie schließlich Ihr ganz persönliches *Kraftzentrum* finden.

Symbolgehalt: Eine Phase kraftvoller Gegensätze und beflügelter Hochenergien. Sie sind an einem Kraftort!

Einen „Kraftort" finden Sie nicht nur an bestimmten Orten in der Natur oder magischen Stätten. Kraftzentren finden Sie überall, wo sich all das optimal entfalten kann, was für Sie zu einem blühenden Leben dazugehört. Für den einen ist es die Disco oder das Theater, für andere die Firma oder die Familie.

Botschaft: Hier geht es um das „Kribbeln im Bauch" und um ein Kribbeln, das Sie ganz durchströmt, ja, das noch größer ist als Sie selbst. Bringen Sie Ihre Identität, die stets auch eine geschlechtliche Identität ist, bewusst ins Spiel.

Wie Sie sich als Frau oder als Mann sehen und verstehen, welche Art von Liebe, Lust und Zärtlichkeit Sie in Ihrem täglichen Leben pflegen, das rührt in gewisser Weise ans „Eingemachte". Wenn nicht alle wesentlichen Vorlieben und Abneigungen hier berücksichtigt werden, kann es geschehen, dass „übertriebene" Erwartungen in einem Bereich mit einer triebmäßigen Unterversorgung in anderen Punkten einhergehen.

Praxis: Erfahren Sie die besonderen Energien, die Sie ausstrahlen und die Ihnen zufließen, wenn Sie in den Angelegenheiten des heutigen Tages Ihre Lebens-Art betonen!

- ✦ Lernen Sie, an einem Kraftzentrum des Lebens und im Mittelpunkt Ihrer Energien zu leben.
- ✦ Es ist ein tiefes Bedürfnis, das Leben intensiv, hautnah, mit Sinn und Sinnen zu leben. Tun Sie etwas dafür!
- ✦ Diese Karte gleicht einer Quadratur des Kreises: Sie beinhaltet unlösbare Widersprüche. Und doch kommt es darauf an, dass Sie jetzt einen zufrieden stellenden Umgang mit diesen Widersprüchen entwickeln.
- ✦ Setzen Sie sich für Ihre Ziele ein. Bringen Sie Ihre Identität zur Geltung, nicht zuletzt Ihre spezifische Identität als die Frau bzw. der Mann, die/der Sie sind!

Stäbe V

Bild: Spiel, Streit, Wettbewerb verschiedener Energien, von halbwüchsigen, neu wachsenden Interessen und Absichten, auch innerhalb der eigenen Person. Nur wenn „viele Flammen“ brennen, bildet sich der persönliche Wille immer wieder neu und bleibt lebendig. Mittendrin in einem schöpferischen Chaos, im vollen Leben. Hüten Sie sich vor Halbheiten, doch genießen Sie den Wettstreit des noch Unvollendeten. Beteiligen Sie sich, lassen Sie sich auf das „Spiel der Kräfte“ ein und finden Sie wieder neu zur eigenen Mitte.
Symbolgehalt: Was Sie – und was andere – wirklich wollen, steht nicht einfach fest, sondern ist in permanenter Bewegung. Es ist notwendig und sinn-

voll, dass die unterschiedlichen Triebe und Interessen miteinander ringen und darum wetteifern, wo es jetzt im Moment langgehen soll.

Noch einmal: Nur wenn „viele Flammen" brennen, bildet sich Ihr persönlicher Wille immer wieder neu und bleibt lebendig. Die eine Seite in Ihnen möchte sich z. B. „mal richtig ausschlafen", eine andere „endlich wieder eine Nacht durchmachen". Doch es gibt nicht nur zwei solcher Interessen. Viele andere Hoffnungen und Ängste, Interessen und Erwartungen treten hinzu. Und das nicht nur bei Ihnen, sondern auch bei Ihren Mitmenschen. Und das Zusammenspiel dieser vielen Energien wechselt wiederum in jedem Augenblick. Sich diesen vielfältigen Kräften zu stellen und damit zu leben, ist die anspruchsvolle Aufgabe diese Karte.

Botschaft: Verstehen Sie die Karte als Warnung davor, sich in Auseinandersetzungen zu verstricken und Ihr Ziel aus den Augen zu verlieren. Schützen Sie sich vor einer Selbstüberschätzung genauso wie vor einer Dramatisierung der Situation. Entspannen Sie sich, sodass sich aus Ihrer Mitte heraus Ihre Lebendigkeit, Ihre Lebensenergie entfaltet und Ihr Wille frisch und geschmeidig bleibt.

„Des Menschen Wille ist sein Himmelreich." Beobachten Sie sich und andere – testen Sie: Welche Bestrebungen des Willens entsprechen wirklichen Wünschen und können deshalb etwas bewegen? Welche Willens- oder Kraftakte sind überflüssig, weil sie etwas erzwingen wollen, das keine wirksame Bedeutung besitzt?

Praxis: Verzichten Sie darauf, Ihre Willenskraft nur daran zu messen, ob Sie einmal erdachte Vorstellungen auch verwirklichen können. Der Lauf der Dinge zeigt Ihnen viel mehr, was Sie selbst wollen und was das Leben von Ihnen „will". Diese Impulse zu verstehen, ist nicht immer leicht. Doch sie aufzugreifen, bringt unendlich viel.

- ✦ Entscheiden Sie sich, welche Ziele Sie erreichen wollen.
- ✦ Entscheiden Sie sich wirklich, handeln Sie danach und setzen Sie sich durch. Halbe Sachen zerstören Sie auf Dauer.
- ✦ Öffnen Sie sich für das Spiel der Kräfte.
- ✦ Reibungen und Auseinandersetzungen sind auch Berührungen, die Ihnen Nähe, Wärme und Energie vermitteln.

Stäbe VI

Bild: Eine *runde* Sache, wenn Sie den unterschiedlichsten Stäben – Energien, Trieben, Taten – Raum geben und diese zusammenzufassen verstehen. So werden und bleiben Sie Ihr eigener Chef oder Ihre eigene Chefin.

Ross und Reiter, Anführer und Fußvolk, sichtbare und unsichtbare Stab-Träger (Motive, Energiequellen) gilt es zu vereinen – zu *einem* Willen zusammenzufügen und unter einheitlichem Kommando zum Erfolg zu führen.

Außerdem geht es darum, „Flagge zu zeigen".

Symbolgehalt: Vertreten Sie, was Sie innerlich bewegt, und setzen Sie sich ganz dafür ein. Hüten und schützen Sie sich vor einem falschen Heldentum, das von Schwächen nichts wissen will. Genauso vor einer falschen Bescheidenheit, die von den eigenen Stärken nichts erwartet.

Lassen Sie sich nicht einschüchtern und setzen Sie auch andere nicht unter Druck! Folgen Sie dem, wofür Sie eine Schwäche besitzen, und treten Sie für Ihre innersten Überzeugungen ein. Wenn Sie mit Stärken und Schwächen, Talenten und Handicaps zu Werke gehen, ist jeder Schritt, den Sie machen, ein Fortschritt. Das, was Sie innerlich bewegt, kann sich in seiner Gesamtheit darstellen und nach außen hin nutzbar gemacht werden. So werden Sie in der Lage sein, auch andere in Bewegung zu setzen.

Der „Erfolgstyp“, der nur auf Stärken, Leistung und Erfolg setzt, lässt nicht nur seine eigenen schwachen Seiten im Stich. Er bleibt auch *abhängig* von Leistung, Bewunderung und Erfolg und jeder Schritt vorwärts verstärkt diese Abhängigkeit.

Botschaft: Falls Sie sich gegenwärtig zu sehr verzetteln, dann liegt dies am mangelnden eigenen Willen. Wenn Sie aber allzu häufig „anecken“, so brauchen Sie mehr Verständnis für das, was andere wollen.

Wer sich über Schwächen hinwegsetzt, der verliert etwas – Rückhalt, Bodenhaftung, Selbstachtung usw. Wenn Sie Schwächen in Stärken verwandeln, gewinnen Sie an Energie, mit jedem Schritt, den Sie tun.

Besonders wichtig ist es derzeit, dass Sie sich über Ihre persönlichen Wünsche klar werden, um mit großen Schritten auf diese zuzugehen. Beanspruchen Sie verstärkt das Recht auf Ihre persönliche Eigenart und vergrößern Sie den Spiel-Raum, indem Sie das ausdrücken und verwirklichen können, was Sie wirklich wollen.

Ihr Wille ist eine komplexe Angelegenheit. Wenn Sie sich nicht selbst blockieren bzw. sich in Ihrem Willen unnötig fixieren, dürfen Sie Ihrer Tatkraft und Ihrer Leistungsfähigkeit jetzt Erhebliches zutrauen.

Praxis: Lassen Sie sich nicht einschüchtern und stellen Sie Ihr Licht nicht unter den Scheffel! Vertreten Sie, was Sie innerlich bewegt, und setzen Sie sich ganz dafür ein.

- Sie sind am unwiderstehlichsten, wenn Sie aus sich heraus handeln und weder halbe Sachen noch irgendetwas Aufgesetztes machen.
- Berücksichtigen Sie Stärken und Schwächen. Bringen Sie sie allesamt zum Einsatz.
- Sprechen Sie mit der Sprache des Herzens.
- Machen Sie sich nicht abhängig von Bewunderung und Anerkennung. Doch sparen Sie auch nicht mit Zustimmung und Bewunderung.

Stäbe VII

Bild: Das Bild handelt davon, dass viele „niedere" Triebe (Stäbe) und ein „höherer" Trieb (Stab) erkennbar sind. Fürchten Sie sie nicht, liefern Sie sich diesen nicht aus, sondern nutzen Sie Ihre tieferen, elementaren Kräfte, um jetzt einen Sprung nach oben, auf ein neues Lebens- und Entwicklungsniveau zu machen. Die Situation erlaubt und verlangt es, vorhandene Energien auf neue Grundlagen zu stellen und zu neuen Höhen empor zu bringen. Lassen Sie sich nicht provozieren; Sie befinden sich in einer guten Position.

Überwinden Sie Mutlosigkeit und blinden Eifer, bauen Sie nicht auf dramatische Entscheidungen oder halbherzige Aktionen. Erfolg ist jetzt eine

Frage eines anderen Stils in Ihren Bemühungen. *Spitzen Sie Ihre Kräfte zu.* Entspannen Sie sich, um sich zu konzentrieren.

Symbolgehalt: Erfolg erreichen Sie jetzt durch die Zuspitzung Ihrer Kräfte. Vieles stürmt auf Sie ein oder vieles haben Sie jetzt zu erledigen und loszulassen. Doch in jedem Moment gibt es nur *eine* Hauptaufgabe, auf die Sie sich konzentrieren sollten. Im nächsten Moment kann es bereits ein anderer Stab, eine andere Aufgabe sein.

Eine Phase der Prüfung und der Transformation des Willens. Diese ist erforderlich und/oder macht es möglich, dass Sie Triebe und Energien aus größerer Tiefe aufnehmen und verarbeiten sowie auf eine höhere Stufe heben und anwenden können. Wenn Sie innerlich in die Tiefe gehen, können Sie äußerlich über sich hinauswachsen. Sie erreichen ein neues Level, auf dem Sie operieren.

Botschaft: Begreifen Sie sich als Energiearbeiter/in. Üben Sie Kommunikation vom eigenen Zentrum direkt zum Zentrum des anderen. Mit viel Feuer zu leben und mit vielfachen Kräften zusammenzuarbeiten, erlaubt und verlangt von Ihnen jetzt eine besondere Fähigkeit zur Motivation.

In Ihren aktuellen Fragen geht es um die Entschlossenheit, mannigfaltige Aufgaben – eine nach der anderen – energisch anzupacken.

Praxis: Aktivismus und Ehrgeiz schaden jetzt nur. Entscheidend ist vielmehr ein neues Niveau, ein neuer Stil im Einsatz Ihrer Kräfte. Ziel und Lohn Ihrer Bemühungen wird ein neues Niveau Ihres alltäglichen Energie-Einsatzes und -Umsatzes sein. Eine neue Lebensqualität mit vermehrter Lebendigkeit, Beweglichkeit und Vitalität.

- ✦ Lassen Sie sich nicht aufreiben. Konzentrieren Sie sich auf eine Aufgabe pro Augenblick.
- ✦ Vermeiden Sie Arglosigkeit ebenso wie Verkrampfung. Spitzen Sie Ihre Kräfte zu. Entspannen Sie sich, um sich zu konzentrieren.
- ✦ Gehen Sie den beteiligten Motiven auf den Grund und stellen Sie sich auf tief verwurzelte Motive ein, die jetzt wirksam und/oder notwendig sind.
- ✦ Was Sie auch tun, tun Sie es ganz!

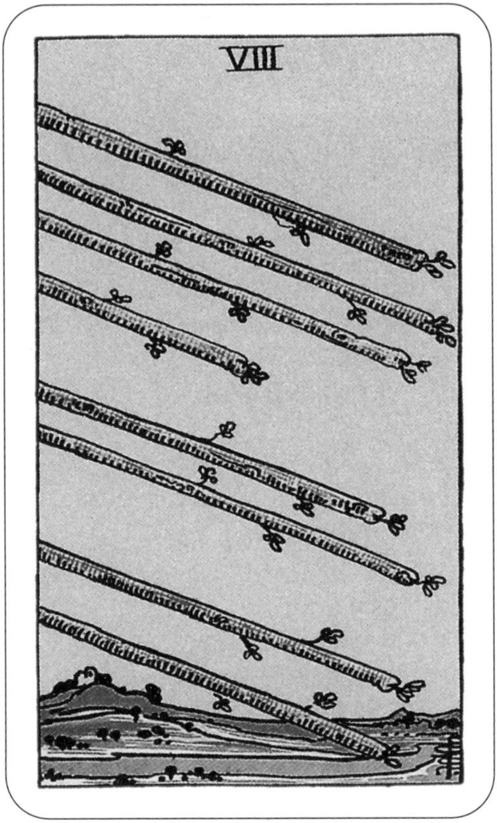

Stäbe VIII

Bild: Bretterzaun, Jakobs-Leiter, Stufenleiter (Karriere), geordnete oder „gleich geschaltete“ Trieb-Energien und Taten in rascher Bewegung – das Bild bietet unterschiedliche Perspektiven. Ausnahmsweise ist keine menschliche Figur im Bild zu sehen.

Hindernisse stellen die Stäbe im Bild immer dann dar, wenn Sie Energien einsetzen, die nicht aus Ihrer Mitte kommen. Oder wenn Sie, umgekehrt, allzusehr auf *Ihren* Standpunkt fixiert sind, sodass Sie zu wenig Offenheit für die Energien, die Vorschläge und Motive anderer besitzen. Wenn Sie diese Hindernisse abbauen, stellen die acht Stäbe auch eine Treppe dar.

Stück für Stück erreichen Sie höhere Einsichten und erzielen größere Reichweiten Ihrer Bemühungen.

Symbolgehalt: Im guten Sinne wird hier eine Brücke geschlagen zwischen verschiedenen Polen. Dann zeigt die Karte die Kraft der Begeisterung und der Energieübertragung, der es gelingt, Energien auszusenden und gewünschte Ziele zu erreichen.

Im negativen Falle stellt diese Karte eine unselige Übertragung dar. Dann zeigt sich hier die Macht der Projektionen, das heißt, die Übertragung persönlicher Triebe, innerer Antriebe und Motive auf die Außenwelt.

Es gibt ein starkes Bestreben, über den eigenen Schatten zu springen und über sich selbst hinauszuwachsen. Das ist eine der positiven Bedeutungen des Umstands, dass hier die Bildfigur fehlt. Darin liegt jedoch zugleich die Warnung, dass man sich selbst aus dem Blick verliert, das heißt, die eigene Identität nicht kennt.

Botschaft: Viele Projekte scheitern nicht am Mut zum Neuen, sondern am mangelnden Abschied vom Alten! „Liebe Gewohnheiten" folgen uns und können sich wie ein Bretterzaun darstellen, der die Welt vernagelt. Da nützt es wenig, wenn Ihnen von Zeit zu Zeit „der Kragen platzt", und auch das Reich der Fantasie (abheben und sich selbst verflüchtigen) hilft Ihnen nicht dabei, in der Wirklichkeit „über den Zaun zu klettern".

Den Ausgang aus diesem falschen Traum finden Sie in einem Comingout. Damit ist gemeint, dass Sie in allen wichtigen Lebensfragen so bewusst wie möglich Ihre innersten Wünsche und Ängste nach außen bringen. In der Erfüllung wesentlicher Wünsche und in der Erledigung von Ängsten bewähren sich die großen Energien, die hier dargestellt sind.

Praxis: Beenden Sie einen unerquicklichen Schwebezustand. Bekennen Sie Farbe und verwirklichen Sie den Zauber, der in Ihnen steckt! Ihre Lebendigkeit kann nun auf vielen Ebenen gleichzeitig Ergebnisse erzielen und Erfahrungen sammeln. Die verschiedenen Kräfte können sich gegenseitig beflügeln, wenn sie nur aus der Mitte der Betroffenheit entspringen und auch neue Betroffenheiten bei den Adressaten Ihrer Bemühungen erreichen.

- ✦ Sie lernen es, auf einem neuen Niveau mit anderen darüber zu kommunizieren, mit anderen zu teilen, was Sie tatsächlich bewegt.
- ✦ Setzen Sie sich ganz für Ihre Projekte ein.
- ✦ Sie können vielfältige Unterstützung gewinnen.
- ✦ Haben Sie Vertrauen in die Kraft Ihrer Reserven und setzen Sie diese jetzt ein!

Stäbe IX

Bild: Neun Stäbe stellen eine Fülle von Trieben, Taten und Erlebnissen dar. Der große Teil der Stäbe befindet sich allerdings im Rücken der Bildfigur. Möglicherweise sind ihr also ihre wahren Absichten verborgen. Denn der Rücken ist der klassische Ort des Schattens und des Unbewussten.

Entweder drückt das Bild eine große Portion Ungewissheit und Ängstlichkeit aus, die insofern zu Recht bestehen, als der größte Teil der beteiligten „Stäbe" aus dem Blick geraten ist. Sobald die Bildfigur aber ein offenes Auge und ein offenes Ohr für alles besitzt, was ringsum sie herum im Werden und Wachsen begriffen ist, besitzt sie eine aufmerksame, zugleich gelassene Handlungsbereitschaft und sie wird ihre Chancen abwarten und zur rechten Zeit zu nutzen verstehen.

So gesehen zeigt das Bild einen „Krieger“, einen Jäger oder eine Jägerin auf dem Pfad. Die Kopfbinde warnt vor einem schief sitzenden Bewusstsein oder einem einseitigen Blick. Sie ist als *Kopfband* aber auch ein Schmuck und das Zeichen des Gerüstetseins, der allseitigen Aufmerksamkeit.

Symbolgehalt: Intuition ist hier das bestimmende Thema: Hier helfen Achtsamkeit, „ruhiges Blut“ und ein tiefer Atem. Mit Intuition, einer ganzheitlichen Wahrnehmung und einer persönlichen Wachheit erreichen Sie jetzt Ihr Ziel. Seien Sie achtsam, aber machen Sie sich keine Gedanken. Ihre Aufmerksamkeit entscheidet.

Botschaft: Wenn Sie Ihre Träume verwirklichen wollen, so können Sie dies nicht im Traum. Sie beenden persönliche Halbheiten, wenn Sie den Bereich Ihrer Aufmerksamkeit erweitern, Vergessenes und Verstaubtes, bloß Erahntes und Vermutetes in die Hand nehmen und erfahren. Wenn Sie vom Bewusstsein her erkennen, was Sie von Ihrem Unbewussten her tatsächlich wollen, dann haben Sie sich verstanden! Und Verstehen ist in den klassischen Psychotherapien gleich Heilung.

Loten Sie den Augenblick aus, achten Sie auf leise Bewegungen und auf verborgene Signale, damit Sie hören und sehen. So verstehen Sie, was sich tut – was Sie bewegt und wohin Sie sich entwickeln wollen. So steht diese Karte auch für die Kunst der Wunscherfüllung.

Praxis: Erweitern Sie die Bandbreite Ihrer Wahrnehmungen. Stärken Sie Ihre Intuition, die Gabe der ganzheitlichen Betrachtung und den schützenden Blick für alles, was in Bewegung, Entwicklung und Wachstum begriffen ist.

- ✦ Versuchen Sie, ohne Argwohn und ohne Arglosigkeit die wirklichen Absichten aller Beteiligten herauszufinden.
- ✦ Steigern Sie Ihre Aufmerksamkeit, identifizieren Sie sich mit Ihren für richtig erkannten Aufgaben und Absichten von ganzem Herzen, bauen Sie Vorbehalte ab.
- ✦ Entspannen Sie sich, locken Sie Ihre Aufmerksamkeit, damit diese sich nach allen Seiten entfalten kann.
- ✦ Global denken, lokal handeln! Verstehen Sie Ihre Wünsche und die Bedürfnisse Ihrer Umwelt. Berücksichtigen Sie sie.

Stäbe X

Bild: Im Bild sind *zwei* Energiebündel zu sehen: Einmal die zusammengefassten Stäbe und die menschliche Gestalt, welche diese Stäbe vorwärts trägt und die selbst ein Ausbund an Energie und Willenskraft sein muss, um dies zu bewerkstelligen.

Falsche Zielvorstellungen, auch solche, die Sie schon lange vor sich her getragen haben, können hier an einen Punkt gelangen, an dem nichts mehr geht. Geeignete Wünsche und Absichten jedoch, die Sie mit konsequentem Nachdruck und hundertprozentigem Einsatz vorantragen, finden jetzt eine erfolgreiche Bestätigung.

Nehmen Sie aktuelle Aufgaben und Belastungsproben als Prüfstein. Setzen Sie sich hundertprozentig für Ihre Sache ein. So werden Sie feststellen, welche Ziele für Sie wirklich reif sind.

Symbolgehalt: Die Haltung der Bildfigur kann auf der einen Seite Überlastung, Bedrückung oder Misserfolg ausdrücken – „Brett vorm Kopf". Sie sehen den Wald vor lauter Bäumen nicht mehr und jetzt hilft nichts anderes, als von Grund auf neuen Kontakt zu Ihrem Feuer aufzunehmen.

Auf der anderen Seite aber zeigt dieses Bild ganz sinnbildlich, was es heißt, mit aller Kraft den eigenen Neigungen zu folgen. Man muss sich ihnen vollständig hingeben. Wie das Vorwärtskommen auf einem steilen Bergweg erleichtert wird, wenn man sich etwas nach vorne fallen lässt, so tragen auch Sie die Früchte Ihrer Bemühungen umso leichter nach Hause, als Sie sich ganz den Stäben zu-neigen.

Scheuen Sie keine Mühen. Lassen Sie „hundert Blumen blühen". Der Erfolg liegt ganz bei Ihnen.

Botschaft: Sie besitzen und entdecken Aufgaben, die so groß sind, dass sie Sie ein ganzes Leben lang beschäftigen und Ihre Energien in Fluss halten!

Wenn Sie aber das Gefühl haben, sich zu viel aufgeladen zu haben oder in eine Sackgasse zu geraten, dann ist Ihr momentaner Wille zu schwach, weil er nicht die ganze Bandbreite von Stäben (Trieben, Neigungen) erfasst. Mit Gewalt blockieren Sie sich noch mehr. Werfen Sie Ballast ab und begreifen Sie neu, worum es geht!

Erst wenn Sie den Menschen, den Ereignissen, den Sachfragen usw. Ihre ungeteilte Zuneigung schenken, verstehen Sie sie in der jeweils eigenen Logik. Sie müssen sich vorwagen und hineinbegeben.

Praxis: Geeignete Lebensaufgaben zeichnen sich dadurch aus, dass Sie alle Ihre Kräfte mobilisieren und alle Ihnen zugänglichen Energien bündeln. Sie führen sie über sich selbst hinaus, schaffen Ziele außerhalb der eigenen Person und verhindern ein „Doppelleben", indem Ihre Wünsche zur Wirklichkeit und der Alltag zum Abenteuer werden.

- ✦ In Ihren aktuellen Fragen ist Ihr ganzer Einsatz gefragt.
- ✦ Verzetteln Sie sich nicht. Achten Sie bei jedem Schritt darauf, was für Sie jetzt wesentlich ist.
- ✦ Setzen Sie alle Ihre Energien ein. Lassen Sie „hundert Blumen" blühen!
- ✦ Der Erfolg in Ihren jetzigen Bemühungen wird wesentlich dadurch bestimmt, dass Sie Ihre Lebensaufgaben vor Augen haben – oder danach suchen!

KÖNIGIN DER KELCHE

KÖNIG DER KELCHE

RITTER DER KELCHE

PAGE DER KELCHE

AS DER KELCHE

II

III

IV

V

VI

VII

VIII

IX

X

Kelche

Kelche vertreten das Element Wasser.

Wasser bedeutet Lebenselixier, Lebensfülle, Seele und Seligkeiten. In der Natur bringen der Mond sowie Gewässer jeder Art die Kraft des Elements Wasser zum Ausdruck. Im menschlichen Verhalten sind es vor allem das Gefühlsleben, die persönlichen Bedürfnisse und Leidenschaften sowie der Glaube.

Weitere Merkmale des Elements Wasser sind Mitgefühl, Eingebung, Träume, Stimmungen und Ahnungen. Charakteristisch für das Element Wasser sind Offenheit und Hingabe. Schwierige Situationen („sich freischwimmen müssen") werden gemeistert, indem man die Gefühle prüft: „Auf die richtige Einstellung kommt es an."

Zum Element Wasser gehören die Tierkreiszeichen Krebs, Skorpion und Fische.

Schlüsselbegriff ist die Seele. Als Erstes geht es bei den Kelchen darum, die Gefühle fließen zu lassen und die persönlichen Bedürfnisse zur Geltung zu bringen.

Königin der Kelche

Bild: Keine andere Symbolfigur des Tarot verkörpert so sehr die Kostbarkeit und die Ganzheit der Gefühle wie diese Gestalt. Der *geschlossene* Kelch einerseits und die *muschel- oder trichterförmige* Rückwand des Thrones andererseits drücken zur *gleichen* Zeit Geschlossenheit und Offenheit der Seele aus. Diese Pole sind Voraussetzungen eines intakten Seelenlebens und Quellen der Persönlichkeit. Sie sorgen dafür, dass Sie weder zerfließen noch verhärten.

Ihre Aufgabe und Ihre Chance ist es, sich zur gleichen Zeit seelisch öffnen und unterscheiden (abgrenzen) zu können.

Symbolgehalt: Diese Karte sagt Ihnen, dass Sie „nahe am Wasser gebaut" haben und über ein besonders reiches Gefühlsleben verfügen. Das Bild macht zugleich deutlich, dass diese reichen Gefühle zu sehr unterschiedlichen Konsequenzen führen können: Einmal zerfließen Sie förmlich und ein anderes Mal verhärten und versteifen Sie sich.

Für Ihr Wohlergehen ist es erforderlich, dass Sie Ihre Gefühle immer wieder durcharbeiten. Wenn Sie mit Ihrem Seelenleben im Reinen sind, beziehen Sie daraus viel Kraft und Fantasie. Doch wenn Ihre Gefühle Ihrer Empfindung nach nicht stimmen, stimmt für Sie alles nicht.

Die Gefühle durchzuarbeiten, heißt erstens, Wünsche und Ängste zu benennen, und zweitens, herauszufinden, welche Wünsche zur Zeit erfüllt und welche Ängste erledigt werden können.

Botschaft: Die mystischen, spirituellen und transzendenten Erfahrungen entstehen hier, in diesem Schmelzpunkt des Seelenlebens, den die *Königin der Kelche* darstellt. Es sind keine „übersinnlichen" Kräfte am Werk. Es ist, umgekehrt, die unvoreingenommene *seelische* Aufnahme, Auswertung und Steuerung unserer Sinneseindrücke, die uns zu innerem Wissen und auch zu transzendenter Erfahrung führen. Ihre Chancen, auch unbewusste und schattige Gefühlsbereiche auszuleuchten, sind hier besonders groß.

Manche Deutungen kamen und kommen bei dieser Karte auf das Thema Gefühlskälte und spitzen dies Thema besonders auf die Sexualität zu. Doch diese Deutungen sind überholt. Diese Karte handelt von dem Bemühen, die eigenen Gefühle zu verstehen, und von der Notwendigkeit, sich mit sich selbst zu beschäftigen. Die Konsequenz daraus ist heutzutage viel eher das „Single"-Dasein als eine emotionale oder sexuelle Unterkühltheit.

Praxis: Diese Karte ermuntert Sie, in Ihren Gefühlen aufs Ganze zu gehen. Verteidigen und vermehren Sie Ihre Selbstständigkeit und Ihre Kreativität in allen Fragen der persönlichen Betroffenheit.

- ✦ Wenn Sie Ihre Gefühle ernst nehmen, wird es auch wichtig, anderen Zutritt in Ihr Seelenreich zu gewähren und sie in Ihr Herz zu schließen.
- ✦ Prüfung und Auseinandersetzung, Filterung und Klärung der Emotionen bewirken eine größere Sicherheit in Gefühlsdingen.
- ✦ Sorgen Sie dafür, dass Sie sich zur gleichen Zeit seelisch öffnen und abgrenzen können.
- ✦ Wenn Sie derart Liebe und Bewusstsein verbinden, werden Sie so manche vereiste Seele wieder auftauen, ein heiteres und tiefes, schönes und erfülltes Leben führen können.

König der Kelche

Bild: Der Thron auf dem Wasser: Leidenschaftliches Verlangen verdichtet die Gefühle und macht sie zur Grundlage des Verhaltens. Das Wasser trägt!

Achten Sie auf Ihre Gefühle und machen Sie sich auch Antriebe und Bestrebungen klar, die sonst eher unterschwellig und hinter Ihrem Rücken verlaufen, wie das Segelschiff und der Fisch oder die Schlange, die links im Bild den Kopf aus dem Wasser streckt.

Fisch und Wasserschlange verweisen auf die notwendige Klärung von Instinkten und Bedürfnissen, von Verlockungen und Verführungen. Sobald Ihnen auch verborgene Gefühle deutlich werden (wie eben das Wassertier, das hier oberhalb des Wasserspiegels erscheint), besitzen Sie eine Plattform, eine Basis echter Gefühle, auf die Sie bauen können.

Symbolgehalt: Hier geht es um die Intensivierung der Gefühle, die zugleich eine Vertiefung und Erhöhung des Seelenlebens bewirkt. Jedes Mal ist eine Phase größerer Ehrlichkeit angesprochen, die manchmal mit größerer Offenheit anderen gegenüber, manchmal jedoch auch mit größerer Abgrenzung von anderen Menschen verbunden ist.

Der *König der Kelche* fordert Sie in besonderer Weise zum „Mut zum Gefühl" auf. Trauen Sie Ihren Gefühlen – und den Gefühlen Ihrer Mitmenschen – im Guten wie im Schlechten einiges zu. Bauen Sie auch auf die verwandelnde Kraft der Seele, wie sie in den Worten des Märchens anklingt: „In den alten Zeiten, wo das Wünschen noch geholfen hat…"

Botschaft: Mehr Aufrichtigkeit bei Emotionen! Allzu oft begegnen wir noch einer blauäugigen Bejubelung der Gefühle, die die Kelche immer nur positiv sieht, so als hätte man noch nie etwas von giftigen oder ätzenden Inhalten eines Kelches, Bechers oder sonstigen Trinkgefäßes gehört. Natürlich gibt es daneben auch dunkle Andeutungen über Gefühle und Gefühlsinhalte, manchmal verbunden mit einer reißerischen Vermarktung.

Den Gefühlen auf den Grund zu gehen und sich von Tabus und Schattenseiten weder erschrecken noch verzaubern zu lassen, ist eine riesige Herausforderung, die sich (nicht nur) für die Tarot-Literatur noch weitgehend als unbearbeitet darstellt. Für Ihre aktuellen Fragen ist es jedoch entscheidend, die *wahren Gefühle* zu respektieren.

Praxis: Sie werden jetzt mit neuen seelischen Bereichen konfrontiert. Je unbekannter diese Abschnitte des Seelenlebens bisher für Sie waren, umso mehr müssen Sie auch damit rechnen, dass Sie auf gewisse Schattenseiten, helle Begeisterung oder dunkle Ahnung stoßen. Ihre große Aufgabe besteht darin, Ihre Liebe und Ihr Bewusstsein wachsen zu lassen, damit Sie letztlich sich selbst und allen Beteiligten gegenüber treu und aufrichtig bleiben können.

- ✦ Trennen Sie sich von fruchtlosen Träumen.
- ✦ Machen Sie Wünsche und Ängste deutlich.
- ✦ Hüten und schützen Sie sich vor seelischen und persönlichen Zumutungen.
- ✦ Jetzt ist es besonders wichtig zu unterscheiden, welche Wünsche für Sie sinnvoll sind und welche nicht, welche Ängste jetzt aufgehoben werden können und welche nicht.

Ritter der Kelche

Bild: Der Ritter der Kelche erinnert an die Gralssuche und an die Minne der Ritterzeit. Er glaubt an die Liebe und lebt seine Gefühle. Die Flügel an Kopf und Fuß stellen ein beflügeltes Lebensgefühl dar, die Fähigkeit, sich über Schwierigkeiten hinwegzusetzen, aber auch die Gefahr, sich aus den alltäglichen Begebenheiten zu verabschieden und in ein Fantasiereich zu flüchten.

Viele Gefühle zu besitzen, ist ein anspruchsvolles Geschenk des Lebens. Weil Sie viele Gefühle besitzen, weil große Gefühle in Ihren momentanen Fragen mitschwingen, kommen Sie nur weiter, wenn Sie voll und ganz mit Ihren Gefühlen leben und gleichsam in Ihrem seelischen Element aufgehen.

Symbolgehalt: Wo Gefühle und seelisches Verlangen so groß werden, dass Sie sich zum Beispiel auf eine ganze Lebensspanne beziehen, können Sie nie durch die bisherigen Erfahrungen allein widerlegt oder bestätigt werden. Die „großen Gefühle“ sind ganz wesentlich eine Sache des Glaubens.

Ein vernünftiger oder bewusster Glaube verträgt sich wunderbar mit Wissen und Bewusstsein. Nur dass der Glaube erst da anfängt, wo das Wissen seine tatsächlichen Grenzen erreicht hat. Prüfen Sie, woran Sie glauben und wem Sie vertrauen.

Botschaft: Oft macht es Mühe, die mögliche Doppeldeutung dieses Bilds zu erkennen. Auf der einen Seite gibt es ein populäres Vorurteil gegen „zu viel“ Gefühl. In dem Sinne kann die Karte eher Mut machen. Auf der anderen Seite zeigt der *Ritter der Kelche* das eher unangenehme Bild des Glaubensfundamentalisten und des spirituellen Fanatikers oder Dogmatikers.

Das bedeutet, dass Vernunft und Verstand erforderlich sind, um auch und gerade in Gefühls- und Glaubensfragen geeignete von ungeeigneten Lösungswegen zu unterscheiden. Aberglaube und Unglaube wirken sich für Sie jetzt schädlich aus. Sie besitzen und Sie brauchen Geist und Begeisterung, um einen funktionierenden, einen persönlich richtigen Glauben auszubilden und zur Richtschnur Ihres Handelns zu machen.

Praxis: Ihre aktuellen Fragen erfordern Mut zum Gefühl und, mehr noch, eine besondere Konsequenz in Ihren Gefühls- und Glaubensentscheidungen.

Schützen Sie sich vor allgemeinem Misstrauen, vor Aberglauben und Unglaube.

- ✦ Vervielfachen Sie jetzt Ihre Fähigkeiten, Gefühle zu verstehen und auszudrücken.
- ✦ Nutzen Sie Ihre Fantasie, Ihre gesamte Liebe und Ihr gesamtes Kritikvermögen, um tief sitzende und weit reichende Gefühle und Träume wahrzunehmen und zu deuten.
- ✦ Wenn Sie dabei nicht in Unentschlossenheit oder Selbstvergessenheit verfallen, haben Sie eine außerordentliche Gabe für wundervolle Liebesgeschichten, spirituelle Abenteuer und fantastische Erlebnisse.
- ✦ Wille und Gefühl gehen für Sie dann eine glückliche Verbindung ein.

Page/Bube der Kelche

Bild: Gefahr der Oberflächlichkeit oder Chance der Erleichterung. Verborgene Quellen werden offensichtlich (wie die Wasserblumen ohne Wurzeln), tiefe Gefühle mit leichter Hand erfasst. Durch Ihre Gefühle und in Ihren Gefühlen entdecken Sie jetzt Neuigkeiten. Nehmen Sie diese in die Hand und probieren Sie sie aus. Die Karte warnt vor Leichtfertigkeit im Umgang mit dem Seelenleben. Isolierte Gefühle sind wie ein Fisch auf dem Trockenen.

Die Blumen auf dem Gewand des Pagen stehen für die Fruchtbarkeit des Seelenlebens. Sie warnen, wegen der fehlenden Wurzeln, allerdings auch vor grundlosen Ängsten oder unbegründeten Hoffnungen. Die Farben Rot und Blau, Wille und Gefühle, weisen auf eine lebendige und entschlossene Seelenkraft hin.

Symbolgehalt: Spielen Sie nicht mit den Gefühlen, seien es Ihre eigenen oder die von anderen. Aber bewahren Sie sich eine spielerische Note, eine innere Unbeschwertheit in Ihrer Seele. Scheuen Sie sich auch nicht, sich für Ihre Gefühle zu engagieren und, wo nötig, die erforderliche Härte zu zeigen.

Eine effektive Leichtigkeit in seelischen und Herzensangelegenheiten verlangt eine Lösung für wichtige persönliche Wünsche und/oder Ängste. Finden Sie das richtige seelische Verständnis.

Wenn Sie sich und Ihre Mitmenschen verstehen, heilen Sie Wunden und lernen wahre Wunder kennen. Fruchtbare Gefühle fördern den Fluss der Dinge, schaffen bleibende Momente und sind ein kostbarer, haltbarer Fang im Strom des ewigen Wandels.

Botschaft: Höhen und Tiefen des Gefühlslebens, die Schönheit der Seele und die mögliche Klarheit Ihrer Leidenschaften lassen sich in dem Bild erkennen, ohne dass es dafür vieler Worte bedürfte.

Es gibt aber auch Geschichten von Wassernixen, wie der Undine oder der Loreley, an die man hier möglicherweise denken kann. Aber auch alle Figuren und Charaktere, die mit missionarischem Eifer und voller emotionalem Überschwang andere bekehren oder begeistern wollen, sind hier ebenso zu erwähnen.

Praxis: Sorgen Sie für eine seelische Reinigung, für geprüfte Gefühle, die Ihnen selbst einen verlässlichen Glauben und ein produktives Verlangen bescheren.

- ✦ Beschäftigen Sie sich in Ihren aktuellen Fragen mit den Gefühlen der eigenen Person und den Seelenklängen Ihrer Mitmenschen. Tragen Sie dazu bei, Wünsche und Ängste so weit zu klären, dass sie erfüllt bzw. aufgehoben werden können.
- ✦ Nur die Erfüllung, die wir in unserer Seele finden, ist in der Lage, uns selbst und/oder andere wirklich zufrieden zu machen. Daran, dass für möglichst viele Beteiligte eine möglichst große Zufriedenheit erreicht wird, unterscheiden sich klare von unklaren seelischen Leidenschaften.
- ✦ Sorgen Sie dafür, dass es in Ihnen und zwischen Ihnen und Ihren Partnern fließt.
- ✦ Schenken Sie reinen Wein ein!

As der Kelche

Bild: Ein Geschenk des Lebens, dass Sie Ihren Kelch neu begreifen können. Der Jungbrunnen im Märchen und der Ritus der Taufe (in seiner ursprünglichen Form, wobei man in ein Gewässer oder ein Taufbecken stieg, um mehrmals vollständig darin einzutauchen) symbolisieren Ihre Fähigkeit, *in* diesem Leben zu einem neuen Leben aufzustehen.

Horchen Sie in sich hinein, was Sie sich wünschen, was Sie brauchen, um sich „wie neugeboren" zu fühlen! Lassen Sie „es" fließen.

Manchmal wird ein Wechselbad der Gefühle angezeigt, das Ihnen mit seinen Höhen und Tiefen eine besondere Chance bietet, Gefühle zu verstehen und zur seelischen Ganzheit zu gelangen. Jetzt ist nicht die Stunde großer Versprechungen oder Verheißungen, sondern der Aufrichtigkeit.

Symbolgehalt: Wir alle haben Wasser in uns. Denn der menschliche Körper bringt es auf einen Wasseranteil von 60 bis 70 Prozent. Zugleich sind wir vollständig *vom Wasser umgeben.* Bis zu den Tiefen der Erde und den Höhen des Himmels reicht der Wasserkreislauf und etwa drei Viertel der Erdoberfläche bestehen aus Wasser. Wir haben es in uns und es hat uns umschlossen. Weil das so ist, gibt es überhaupt erst die Möglichkeit der Resonanz, des „Verständnisses“ zwischen Innen- und Außenwelt, und des Mitgefühls. Deutlich wird daran, wie mächtig die Seele und das Gefühlsleben sein können.

Vielleicht ist jetzt eine Zeit der Betrachtung, der Meditation und des Studiums angesagt. Nichts kann uns so durchströmen, bewegen und ergreifen wie das Wasser. Stehen Sie zu Ihrer Betroffenheit, lassen Sie sich bewegen und bringen Sie Ihre Ergriffenheit zum Ausdruck!

Botschaft: Wie jedes Element, so besitzen auch die Kelche bzw. das Wasserelement zwei Seiten. So, wie die Schwerter ihre Zweischneidigkeit oder wie die Münzen die zwei Seiten der Medaille beinhalten, so besitzen die Kelche in sich den Widerspruch von Öffnung und Schließung. Die Grundpolaritäten des Wasserelements sind die von Sympathie und Antipathie.

Auch diese Karte mit *einem* Kelch verweist auf die *doppelte Aufgabe,* die Seelenkräfte möglichst gut fließen zu lassen und möglichst gut aufzufangen, d. h. zu empfangen und loszulassen!

Praxis: Das *As der Kelche* ist eine Wachstumskarte. Die große Aufgabe und das große Glück bestehen hier darin, dem Reichtum der Gefühle treu zu bleiben und gleichzeitig ein gewandeltes und erweitertes Fassungsvermögen, ein neueres und besseres Verständnis der Gefühle und der seelischen Wechsellagen zu gewinnen. Wenn das Bewusstsein so weit reift, dass es der großen Kraft der Gefühle nicht ausweicht, sondern gerecht werden kann, dann haben Sie gewonnen. Für Ihre aktuellen Fragen folgt daraus:

- Erkennen Sie in Ihren aktuellen Fragen die grundlegende und gestaltgebende Macht des Seelenlebens.
- Lassen Sie unterschiedliche Gefühle zu und unterscheiden Sie zwischen sinnvollen und sinnlosen Gefühlen und seelischen Bedürfnissen.
- Das Glück ist und bleibt auf Ihrer Seite, wenn Sie Gefühle flüssig und lebendig halten. Lernen Sie, sich freizuschwimmen.
- Stehen Sie zu Ihrer Betroffenheit.

Kelche II

Bild: Alles hängt hier davon ab, den *Sinn* von Gefühlen und seelischen Regungen zu verstehen. Gerade das, was auf den ersten Blick so angenehm erscheint, nämlich das Teilen und Tauschen, kann Ausdruck einer großen Unzufriedenheit sein. Die eine Seite gibt ihren Kelch wieder und wieder preis und die andere Seite nimmt und sammelt immer neue Kelche ein.

Wahre Liebe setzt voraus und wirkt darauf hin, dass sich jede/r Beteiligte in der ganz persönlichen, ungeteilten Wahrheit versteht und erblüht. Die berühmten „zwei Seelen in der Brust“ muss jede/r erst einmal für sich unterscheiden und unter einen Hut bekommen.

Symbolgehalt: Lernen Sie, auch in Gefühlsdingen zu unterscheiden. Auch in emotionalen und intimen Fragen besitzt jede/r das Recht, zu wählen und selbst zu entscheiden.

Das scheinbar so harmonische Bild des Teilens und Tauschens verkörpert nicht zuletzt einen *Bann,* der die beiden Gestalten wie ein böser Zauber zusammenhält. Der geflügelte Löwenkopf kann dann für „abgehobene" Ansprüche, für aufgesetzte Mienen oder losgelöste Leidenschaften stehen, die wie ein Druck auf der Beziehung oder der Begegnung lasten oder die wie ein Magnet alle Energien aus den Kelchen abziehen.

Botschaft: Diese Karte gehört zu einer Hand voll Tarot-Karten, die für manche Betrachter allein und ausschließlich positiv aussehen. Tatsächlich zeigt das Bild überfließende und aufblühende Emotionen, eine Situation des Fließens und des Überfließens. Aber die Bedeutung dieser Situation hängt davon ab, was in den Kelchen enthalten ist, welche Wasser hier angeboten und genommen werden.

Solange wir uns im Alltag nach dem lateinischen Grundsatz „Do ut des" (ich gebe, damit du gibst) verhalten, drehen wir uns in der Liebe im *Kreise.* Wenn wir unsere „bessere Hälfte" im Partner suchen, werden wir sie nie in uns selber finden. Wenn wir den anderen lieben, damit er uns etwas gibt, dann geben wir die Verantwortung für das eigene Glück in fremde Hände. „Wenn ich an einem anderen Menschen hänge, weil ich nicht auf eigenen Füßen stehen kann, kann er vielleicht mein Lebensretter sein, aber unsere Beziehung ist keine Liebe." (Erich Fromm, Die Kunst des Liebens)

Praxis: Je besser Sie Gefühle zu deuten verstehen, desto klarer können Sie geeignete von ungeeigneten Gefühlen unterscheiden. Sinnvolle und sinnlose Wünsche lassen sich dann sortieren, berechtigte von unberechtigten Ängsten trennen, und Bedürfnisse und Sehnsüchte verschiedener Menschen lassen sich unter einen Hut bringen.

- ✦ Suchen Sie nicht nur nach Übereinstimmung und Ergänzung in Ihren Beziehungen und Partnerschaften. Fördern Sie auch Selbstständigkeit und Autonomie.
- ✦ Auch in emotionalen Fragen, in seelischen Belangen und gerade in intimen Angelegenheiten besitzen Sie und jede/r Beteiligte jederzeit das Recht, zwischen Ja und Nein zu wählen.
- ✦ Sagen Sie dem oder der anderen, was Sie von ihm oder ihr wünschen und was Sie ihm oder ihr geben möchten.
- ✦ Je klarer die Unterschiede, desto fruchtbarer die Gemeinsamkeiten.

Kelche III

Bild: Die Kunst, verschiedene Gefühle und Stimmungen unter einen Hut zu bekommen. Lassen Sie Ihre Seele wachsen. Tragen Sie jetzt dazu bei, dass jede und jeder in Ihrer Familie oder Lebensgemeinschaft sich wohl fühlen kann, ohne auf die eigene Individualität zu verzichten.

Wie das vorausgehende Bild (*Kelche II*), so darf auch das vorliegende nicht nur auf verschiedene Menschen bezogen werden; es zeigen sich hier auch verschiedene (seelische) Seiten einer Person. Nicht nur zwei, sondern sogar „drei Seelen in der Brust“ können sich hier für Ihre aktuelle Situation darstellen.

Symbolgehalt: Erhobene Kelche sowie Früchte bestimmen die Bildsituation. Alles hängt hier von der Art, von der Qualität der Gefühle ab. Wo rohe, verletzte oder verletzende Gefühle fließen, wird die Lebenssituation komplett von diesen bestimmt sein. So sehr, wie die Karte für erfüllende, erhebende Gefühle steht, so sehr kann sie auch für abgehobene, wurzellose Seelenregungen stehen. Die Anmut der Gefühle ist die positive Verheißung der Karte – die Arroganz der Seele die Warnung!

Auch die Körperhaltung der Bildfiguren ist bezeichnend. In der oberen Bildhälfte verschwimmen die Grenzen zwischen den drei Personen. Damit ist ein „Wir-Gefühls" dargestellt, das sehr viel Freude bringt, mitunter jedoch auch die Gefahr in sich birgt, dass der/die Einzelne in der Gruppe nicht nur aufgeht, sondern untergeht. Es ist nicht leicht zu erkennen, welcher Kelch oder welcher Arm zu welcher Person gehört. Daher ist es in Ihren aktuellen Fragen dringend, individuelle Stimmungen und Gefühlsunterschiede, auch wenn sie unscheinbar wirken, nicht zu ignorieren.

Botschaft: Das Bild zeigt zunächst eine Vermischung von Gefühlen. Damit ist ein *Wir-Gefühl* gemeint. Das kann zwar animierend und bestätigend wirken, doch es besteht die Gefahr, dass die einzelne Persönlichkeit darunter leidet und buchstäblich baden geht. Außerdem kann die Karte auch *gemischte Gefühle* zeigen. Dann regiert der Kompromiss.

Wenn diese Karte Glück und Erfüllung signalisieren soll, dann bestehen diese in der Fülle von *begriffenen* Gefühlen. Dann ergibt sich die Synthese, die glückliche Verbindung und die höhere Einsicht in die Natur der Bedürfnisse aller Beteiligten. Bezieht sich diese Karte auf das Zusammenleben in einer Partnerschaft oder Gruppe, so wird darauf abgestellt, die Wünsche des Einzelnen in dieser Gemeinschaft zu berücksichtigen.

Praxis: Machen Sie die Gültigkeit Ihrer Gefühle nicht von der Zustimmung anderer abhängig. Akzeptieren Sie die Gefühle anderer, auch wenn Sie sich nicht mit diesen identifizieren können.

- ✦ Ihrer Seele verträgt mehrere Wahrheiten zur gleichen Zeit.
- ✦ Suchen und bewahren Sie den Zusammenhang zwischen verschiedenen Erfahrungen und Wahrheiten.
- ✦ Scheuen Sie sich nicht vor „emotionalen" Reaktionen. Gehen Sie auf andere zu oder grenzen Sie sich von ihnen ab, auch wenn es Ihnen noch ungewohnt erscheint.
- ✦ Ein richtiges Wort zur richtigen Zeit wirkt Wunder. Klären Sie andere über Ihre Bedürfnisse auf. Kümmern Sie sich um Ihre Liebsten.

Kelche IV

Bild: Ein Bild der seelischen Ganzheit. Höhen und Tiefen sind hier gleichermaßen im Bild dargestellt durch Wurzel und Krone des Baumes. Offenheit und Geschlossenheit zeigen sich im neuen, dargereichten Kelch einerseits, in den verschränkten Armen der Bildfigur andererseits.

Der Baum ist Symbol der Natur, aber auch des Menschen als eines speziellen Teils der Natur („Mit den Füßen auf der Erde, mit dem Kopf im Himmel"). Wenn die Bildfigur also an den Wurzeln des Baumes sitzt, verweilt sie sinnbildlich an ihren eigenen. Dort findet sie – schlicht und ergreifend – zu den eigenen *Gründen.* Hier geht es um eine Bilanz Ihrer seelischen Erfahrungen und Erwartungen: Zugleich ein Angebot zur vertieften Selbst-Findung.

Symbolgehalt: So, wie Karten mit der Zahl Drei das Prinzip der Synthese darstellen, geben die Karten mit der Ziffer Vier jeweils ein Modell der Ganzheit vor. Dieses ist keine Erfindung des Tarot, sondern entspricht den Vorstellungen unseres abendländischen Denkens mit den vier Jahreszeiten, den vier Himmelsrichtungen usw. Der Aspekt der Ganzheit des seelischen Lebens und Erlebens, der durch die vier Kelche dargestellt wird, signalisiert ein in sich komplettes, abgeschlossenes Seelen- und Gefühlsleben.

Damit ist weder eine positive oder negative Aussage gemacht, sondern es kommt darauf an, wie weit hier die persönlichen Gefühle verstanden und aufgehoben sind. Die Karte zeigt zunächst nur, dass alles, was passiert, mit ganzer Seele geschieht. Wenn jemand z. B. launisch ist, so zeigt diese Karte, dass er *ganz* launisch ist. Das bedeutet im negativen Fall eine unselige Besessenheit: Ein und dasselbe Gefühl wird in alle möglichen Richtungen *übertragen* und „ausgewalzt". Wohin man sich auch wendet, man findet immer wieder die Bestätigung des seelischen Zustandes, von dem man ausgegangen ist. Im positiven Sinne die erfreuliche Fähigkeit, im Rhythmus mit den seelischen Wechsellagen zu leben. Man findet sich im guten Sinne überall zurecht.

Botschaft: Wenn Sie diese Karte ziehen, dann achten Sie darauf, welche seelische Erfahrung es jetzt zu vervollständigen gilt. Denn seelische Ganzheit muss immer wieder neu hergestellt werden. Akzeptieren Sie Freude und Trauer, Ebbe und Flut als unterschiedliche Aspekte ein und derselben Realität, nämlich der Wirklichkeit der Seele.

Praxis: Wünsche und Ängste, Sympathien und Antipathien sollen hier unterschieden und gedeutet werden, um aus den verschiedenen Einzelaspekten ein neues und ganzheitliches Bild zu gestalten. Es geht weder um Abwarten und Aussitzen noch um Wunderglauben oder Fatalismus.

- ✦ Bauen Sie auf Ihr Gefühl.
- ✦ Probieren Sie es einmal aus, jeden Menschen in seinem „Eigen-Sinn" so zu nehmen, wie er ist.
- ✦ Hören Sie auf, Ihre Gefühle zu zensieren, schauen Sie stattdessen, was sie für Sie bedeuten.
- ✦ Verstehen Sie Ihre persönlichen Gründe, Ihre grundlegenden Bedürfnisse und Motive. Nur wenn Sie diesen folgen, kommen Sie in Ihren aktuellen Fragen weiter.

Kelche V

Bild: „Schwarze Seele“: ungute Gefühle, seelische Bedrohung, Enttäuschung, Burn-out (seelisch ausgebrannt). Oder, in einer ganz anderen Bedeutung, das Signal für ein freudiges Ereignis, für einen seelischen Neuanfang.

Die Seele wirkt wie ein Spiegel. Auch und gerade das erscheint der Psyche als dunkel, von dem sie noch kein Bild besitzt, welches sie wiedergeben kann. Von allem, was für Sie wirklich neu ist, besitzt die Seele zunächst nichts als eine dunkle Ahnung!

Die umgestoßenen Kelche: Verflossene Erfahrungen – verlorene seelische Fassung. Die beiden aufrechten Kelche: Künftige Erfahrungen – wiedergewonnenes seelisches Fassungsvermögen. Mittendrin: Das Unbekannte (das Schwarze), seelisches Neuland. Alles zusammen: Wandlung der Seele.

Symbolgehalt: Wo starke Gefühle aufeinander stoßen – Freude und Trauer, Erfüllung und Verlust –, begegnen wir dem Schatten. Wir kommen an die Grenze dessen, was wir (bisher) seelisch zu erfassen vermögen. Aber nicht allein Finsternis und düstere Stimmung sind angezeigt. Ein Vorteil dieser Karte und Ihrer aktuellen Situation besteht auf jeden Fall darin, dass die ansonsten schwer erkennbaren Schattenseiten deutlich sichtbar werden.

Wenn es eine Karte für seelische Krisen gibt, dann ist es diese. Die Krise besteht dabei darin, dass der bewusste Wille, der Antrieb oder die Lebensziele, die einen bisher beschäftigt haben, in irgendeiner Weise mit den unbewussten, tieferen inneren Bedürfnissen und Wünschen so wenig übereinstimmen, dass gleichsam die persönliche, innere Quelle versiegt ist.

Botschaft: Wenn hier Enttäuschungen Thema sind, dann deshalb, weil sich verdrängte Wahrheiten zu Wort melden. Die sinnvolle Antwort in dieser Situation lautet, sich der verdrängten Wahrheiten anzunehmen. Dann sind sie nicht mehr verdrängt. Und eine Erfahrung, deren Lektion wir gelernt haben, setzt enorme Energien frei.

Gänzlich offen zu sein für das Neue, das sich entwickelt, bedeutet seelische Vorfreude, Aufnahmebereitschaft und eine „charakterliche Offenheit“, die ohne persönliche Masken oder Verstellungen operiert. Diese positiven Seiten der Karte resultieren aus der Aufhebung des zuvor Verdrängten und dem Verständnis für die seelischen Wurzeln und Grundlagen.

Praxis: Jetzt geht es darum, die Seite der Gefühle, die in letzter Zeit zu kurz gekommen ist, zuzulassen und zu ergänzen. Gefühle von Kummer, Sorge und Trauer, aber auch von Wut, Neid, Rache oder Scham, Reue und viele andere Eindrücke mehr mögen hier wichtig werden. Verdrängte Wahrheiten fordern nun ihr Recht.

- ✦ Verdrängen Sie Trauer oder Schmerzen nicht, kümmern Sie sich darum und gehen Sie hindurch.
- ✦ Dieser seelische Prozess ist jetzt wichtiger als alles andere.
- ✦ Akzeptieren Sie auch, wenn andere jetzt Ihre praktische Hilfe oder Ihren seelischen Beistand brauchen.
- ✦ Lassen Sie es zu, dass Sie und Ihre Mitmenschen sich weiterentwickeln und sich daher wandeln.

Kelche VI

Bild: Alte Träume und tiefe Wünsche werden Ihnen neu bewusst. Erlebnisse, Erinnerungen und Fantasien kommen wieder hoch. Es ist an der Zeit, dass Sie sich mit tief sitzenden Wünschen und Ängsten auseinander setzen. Die Karte symbolisiert die besondere Chance, für alte (seelische und persönliche) Probleme neue Lösungen und Antworten zu finden.

Beachten Sie die Doppeldeutung: Einerseits wirkt es, als wende sich die kleine Frau im Bild von dem Zwergenmännlein ab (das Gelbe ist dann ihr Gesicht, links und rechts umgeben vom rotorangen Kopftuch). Zum anderen lässt sich die Karte aber auch so sehen, dass die kleine Frau zu dem

Männlein hinschaut (das Gelbe ist jetzt ihr Zopf, links davon ihr Gesicht und rechts davon ihr Kopftuch). Der Zwerg muss tatsächlich mit Annahme und mit Ablehnung seines blühenden Kelches rechnen. Und die kleine Frau bietet offene Zuwendung sowie abgekehrte Verweigerung an.

Stellen Sie fest, welche dieser beiden Blickrichtungen der kleinen Frau Ihnen zuerst ins Auge springt. Die *andere* Seite symbolisiert die Gefühlsreaktion, die Ihnen am ehesten „aus dem Blick“ gerät, die Sie am leichtesten „vergessen“.

Symbolgehalt: Nehmen Sie diese Karte als ein Zeichen dafür, dass es Ihnen jetzt gut tut, mehr Gefühle zu investieren und zu akzeptieren. Die Zeit ist reif für einen besseren Umgang mit komplizierten und tief verwurzelten inneren Empfindungen.

Bisherige Grauzonen werden beleuchtet. Seelische Höhen und Tiefen kommen deutlicher als sonst zum Vorschein, Gefahren und Abgründe, aber auch Chancen und Gipfel des seelischen Erlebens sind klarer zu erkennen oder zu erahnen als je zuvor. Diese Karte spiegelt eine bestehende Bereitschaft, vielleicht auch die Notwendigkeit wider, sich mit diesen tieferen Gefühlen auseinanderzusetzen.

Botschaft: Die mächtigsten Gefühle betreffen stets die Liebe: Die ermutigenden und bestätigenden, aber auch die beängstigenden oder die fehlenden Erfahrungen von Liebe beschäftigen uns zeitlebens innerlich am meisten (wenn nicht bewusst, dann unbewusst).

Das Reich der Schatten ist die Welt der Ahnen und der Ahnungen. Wenn Licht und Sonne diese Welt durchleuchten und durchsichtig werden lassen, können Sie besonders gut mit Ihren Wünschen und Ängsten ins Reine kommen und Ihre inneren Einstellungen *klären.*

Praxis: Intensiv wie sonst selten, geht es hier um komplexe und tiefe Bedürfnisse – um die Erneuerung der *Liebe* im persönlichen Leben. Auch die Sexualität spielt dabei eine wichtige Rolle.

- ✦ Diese Karte bedeutet, dass Ihre Gefühle nach Klarheit verlangen.
- ✦ Sie haben das doppelte Glück, an alte seelische Wünsche und Erwartungen anzuknüpfen und sich zugleich von überholten seelischen Belastungen zu lösen.
- ✦ Setzen Sie sich behutsam mit Erinnerungen, Träumen und Tagträumen auseinander. Beachten Sie auch Stimmungen und Eindrücke, die nur schwer in Worte zu fassen sind. Bei Ihnen und bei allen Beteiligten.
- ✦ Bauen Sie auf die *Macht der Liebe* und suchen Sie die ganze Wahrheit.

Kelche VII

Bild: Einerseits zeigt das Bild, wie Sie sich in eine Traumwelt hineinsteigern, in ein Wolkenkuckucksheim, während Sie selbst in Wirklichkeit nur noch ein Schattendasein fristen. Das ist wie bei „schwarzer Magie“: Sie stellen sich selbst in den Schatten, weil falsche Geister (Wunschvorstellungen, Ansprüche) die Oberhand über Sie gewonnen haben. In der Folge treten Großmachts- und Ohnmachtsgefühle auf. In diesen Fällen sollten Sie aufhören, sich zu wünschen, dass die Dinge anders sein sollten als sie sind. Fangen Sie lieber an, sich in Ihrer „Eigenart“ und mit Ihren vitalen Bedürfnissen zu spüren.

Als Ermunterung stellt die Karte jedoch auch eine Situation dar, in der alle bisherigen Erfahrungen verblassen, weil jetzt der Übergang in eine „neue Welt", in einen größeren Lebensrahmen und in ein erweitertes Lebensspektrum angesagt ist. In diesem Fall bedeutet die schwarze Schattengestalt eine positive Aufforderung zur Verabschiedung von Selbstbezogenheit und Egoismus.

Symbolgehalt: Eine Lebenssituation, die von überbordenden und ungebändigten Gefühlen beherrscht wird, kann das persönliche Bewusstsein in Mitleidenschaft ziehen. Hier geht es um eine Bewusstseinserweiterung. Es gibt übergeordnete und tiefere Bedürfnisse der Seele, ozeanische Gefühle und spirituelle Leidenschaften, die das Fassungsvermögen der Seele übersteigen, nicht aber das Fassungsvermögen eines gewandelten, erfahrenen und erwachsenen Bewusstseins!

Hier geht es im übertragenen Sinne darum, „schwimmen zu lernen" und sich freizuschwimmen. Das bedeutet praktisch, einzutauchen in die Wasserwelt der Gefühle, sich treiben zu lassen und zugleich den Kopf auch einmal aus dem Wasser herauszustrecken.

Botschaft: Diese Karte steht für eine Situation, in der mächtige Gefühle dafür sorgen, dass der Verstand, die Tugend oder die Moral baden gehen. Das kann Gift für die Seele sein – und das ist die Warnung für diese Karte. Das kann aber auch ein Jungbrunnen für die Seele sein – wenn der Verstand, die Tugend oder die Moral bisher zu engherzig waren.

Der springende Punkt ist ein Bewusstsein, das aus vielen Erfahrungen ein erweitertes Verständnis für die wahren Werte im Leben erwirbt. Klären Sie den Nebel, analysieren Sie Ihre Träume, sodass Sie Illusion und Verheißung erkennen.

Praxis: Haben Sie den Mut, sich auch mit Schattenseiten und Grenzbereichen der seelischen Erfahrung auseinander zu setzen. Man braucht seinen Schatten nicht zu fürchten und auch nicht zu meiden. Aber es spricht auch nichts dafür, selbst ein Schattendasein zu fristen und von ungebändigten Sehnsüchten und Begierden dominiert zu werden.

- ✦ Verabschieden Sie sich von der Vorstellung, alle Gefühle begreifen zu können.
- ✦ Das, was wir nicht begreifen, können wir jedoch beherzigen – in unsere Gedanken, Gebete und Begriffe aufnehmen!
- ✦ „Sieben" Sie, schauen Sie, was im Sieb bleibt und was nicht.
- ✦ Entwickeln Sie in seelischen Belangen einen persönlichen Maßstab.

Kelche VIII

Bild: „Der Glaube versetzt Berge“: Hier geht es um Gefühle, die so groß sind, dass wir sie nicht mehr in einzelnen Kelchen in die Hand nehmen (erfassen und begreifen) können. Nicht wir haben die Kelche in der Hand. Es ist eher so, dass sie uns in der Hand haben. Hier kommt es auf die richtige *Einstellung* an.

Diese Karte fordert zur Auseinandersetzung mit großen Gefühlen und Glaubensentscheidungen auf. Unglaube und Aberglauben lassen Sie an den Kelchen vorbeigehen. Ein geeigneter Glaube stärkt Ihnen den Rücken, führt Sie auf neue Anhöhen, wenn Sie dem inneren Drang folgen.

Insgesamt ein ausgeglichenes Bild für die tragende Kraft des Wassers und ein machtvolles Bild der höheren Ordnung der Gefühle. „Wie ein Fisch im Wasser" – so sollen Sie mit den Bewegungen des großen Lebensstroms verbunden bleiben und zugleich Ihren *eigenen Kurs* steuern und, wenn nötig, auch einmal gegen den Strom schwimmen.

Symbolgehalt: Gehen Sie mit dem Fluss: Folgen Sie Ihrer Energie und kehren Sie entweder zu Ihren Quellen zurück oder finden Sie Ihre Bestimmung, gehen Sie zur Mündung des Flusses.

Der Fluss ist bekanntlich ein Sinnbild für die Einheit von Wandel und Kontinuität: Während er fließt und sich ständig verändert, bleibt er doch gleich und unverändert. Das bedeutet praktisch: Sich selber wandeln und sich treu bleiben.

Befreien Sie sich von Hemmungen und schützen Sie sich vor Haltlosigkeiten. Lösen Sie sich aus inneren Abhängigkeiten, gleich welcher Art, damit „es" fließt!

Botschaft: Diese Karte bezieht sich außerdem auf eine Situation des inneren Gleichmuts und der Gelassenheit. Eifer, Wut und Zorn spielen hier keine Rolle. Entweder ist dies Trägheit. Oder man hat seinen Frieden mit „Gott" gemacht und besitzt eine Gelassenheit, die nicht auf Trägheit oder Empfindungslosigkeit beruht, sondern darauf, nicht mehr mit den eigenen Gefühlen und deren Projektionen identifiziert zu sein.

Nicht zuletzt geht es darum, den eigenen Glauben immer wieder zu überprüfen, auseinander zu nehmen und wieder neu aufzubauen, bis der Glaube Ihr Leben wirklich *trägt!* Damit ist der religiöse Glaube angesprochen, aber auch der Glaube an sich selbst, an Partner, an den Beruf, die Kinder, die Lebensaufgaben und anderes mehr.

Praxis: Bilanzieren Sie Ihre seelischen Erfahrungen. Bringen Sie alle seelischen Gefühle zusammen, stellen Sie sie gleichsam in Rechnung. Destillieren Sie aus Ihren seelischen Erfahrungen bleibende Werte. Finden Sie zur Mitte und machen Sie sich diese Mitte zur persönlichen Bestimmung!

- ✦ Sortieren Sie Ihre Erfahrungen und Erwartungen. Machen Sie „Frühjahrsputz im Haushalt der Gefühle".
- ✦ Achten Sie auf den Einfluss und die Stimme des Mondes in Ihrem Alltagsleben.
- ✦ Finden Sie den „roten Faden". Bleiben Sie seelisch mit Quelle und Mündung, mit Ursprung und Bestimmung verbunden.
- ✦ Steuern Sie Ihren eigenen Kurs im Strom des Lebens.

Kelche IX

Bild: Ein großes Glück, wenn „alle Brünnlein fließen". Sie besitzen und brauchen umfangreiche und reichhaltige Gefühle, eine große Skala persönlicher Ausdrucksformen. Hüten und schützen Sie sich in Ihren aktuellen Fragen vor einer unangemessenen Selbstzufriedenheit. Unangemessen ist diese solange, wie Sie nicht alle Bedürfnisse berücksichtigen.

Viele Quellen sollen fließen können und Ihre Meinung, Ihre Eindrücke und Urteile sollen Sie ebenfalls aus vielen Quellen beziehen. Je mehr Bedürfnisse Sie erforschen, umso wirkungsvoller sind Ihr Rückhalt und Ihre Rückendeckung.

Symbolgehalt: Wie bei jeder Kelchkarte, so ist auch hier entscheidend, was in den Kelchen enthalten ist. Jede Verharmlosung oder einseitige Verherrlichung der Gefühlswelten wäre fehl am Platz. Denn hier kommt es ganz darauf an, dass man seine Gefühlswelten kennt und sich so auf sie verlassen kann, dass sie einem sowohl den Rücken freihalten als auch Rückendeckung geben.

Selbstverständlich ist die volle Entfaltung der Gefühle nicht schon gleichbedeutend mit Liebe, Freude, Glück oder Erfüllung. Auch Hass, Neid, Rache usw. sowie Angst, Scham und Schuldgefühle gehören in den Bereich der Seelenkräfte, die hier fließen können. Ein ungefiltertes Fließen von „hässlichen" Gefühlen ist aber keineswegs wünschenswert und stellt eine Gefahr bei dieser Karte dar.

Botschaft: Es ist gar nicht so leicht, die für einen persönlich richtigen Bedürfnisse herauszufinden. Um diese Aufgabe aber geht es bei dieser Karte

Je größer Wunschdenken und „Traumtänzerei", desto größer die Bodenlosigkeit. Um hier die Gefahren eines angepassten, schematisierten oder beliebigen Glaubens auszuschließen, ist es nötig, in die Tiefe zu tauchen. Wünsche und Ängste, Bedürfnisse und Befürchtungen müssen hier in einer großen Vielfalt erkundet und aufbereitet werden. Dann erst trägt das Wasser, dann erst beflügeln die Gefühle mit Recht.

Wir alle besitzen ein „Atlantis", gewisse Werte und Kostbarkeiten, die einst oder im Laufe der Jahre untergegangen sind. Diese Dinge, die weit im Hintergrund verborgen liegen, zu entdecken und wie einen versunkenen Schatz zu bergen, ist der Schlüssel für das Glück, das diese Karte mit Recht verheißen kann.

Praxis: Lassen Sie sich nicht einschüchtern und versuchen Sie nicht, die anderen in den Schatten zu stellen. Mit Gefühl und Härte sollten Sie Glaubenssätze auf die Probe stellen und Ihren Bedürfnissen Genugtuung verschaffen, um Ihre aktuellen Fragen zu beantworten.

- ✦ Erkunden Sie die Hintergründe Ihrer aktuellen Fragen und Aufgaben.
- ✦ Suchen Sie nach verborgenen Wahrheiten.
- ✦ Stellen Sie fest, welche Unterstützung Sie für Ihre Bedürfnisse gewinnen und für welche Bedürfnisse anderer Sie mehr Verständnis aufbringen können und müssen.
- ✦ In Ihnen fließen so umfangreiche und reichhaltige Gefühle, dass Sie eine große Bandbreite, eine große Skala persönlicher Ausdrucksformen besitzen und benötigen.

Kelche X

Bild: Der Regenbogen ist ein Zeichen für die Verbindung von „Gott“ und Mensch, Himmel und Erde. Zusätzlich stellt er in sich die glückliche Vereinigung von Feuer und Wasser (Sonne und Regen) dar. Damit ist er zugleich ein Sinnbild für die Aufhebung und die glückliche Vereinigung von (menschlichen oder persönlichen) Gegensätzen jeder Art! Eine *Auf-hebung* der Gefühle, der seelischen Bedürfnisse und Leidenschaften stellen die im Bild erhöhten Kelche ganz sinnbildlich dar.

Mögliche negative Deutungen der Karte: Wunschdenken, zwanghaftes Festhalten aneinander, emotionale Abschirmung (die zehn Kelche im Regenbogen stellen auch eine Art Glasglocke, einen Magnetschirm dar). Im Übrigen können die zehn Kelche im Regenbogen auch eine Fata Morgana sein.

Symbolgehalt: Generell ist eine Station mit zehn Einzelsymbolen doppelt zu deuten: Mehr als zehn Kelche gibt es im Tarot nicht; sie geben das Maximum des Gefühlslebens an. In einer anderen Betrachtungsweise sind zehn Kelche jedoch genauso viel oder genauso wenig wie z. B. *zwei* oder *drei Kelche.* Sie stellen nur eine andere Struktur dar: Die Aufgabe, mit allen Gefühlen und Emotionen zur gleichen Zeit umzugehen.

Wie lebt man mit überwältigenden Gefühlen und großen Leidenschaften? Übertriebene Weichheit und Ziellosigkeit lauern als Gefahren. Als Gegenreaktionen kommen wütende und sogar rasende Emotionen in Betracht. Gleichzeitig sucht man vielleicht Schutz in emotionaler Steifheit, in einer allzu strengen Kanalisation oder einer „hermetischen" Abschottung der Gefühle und seelischen Bedürfnisse.

Die glückliche Lösung heißt: Kultivieren Sie Ihre Passionen und großen Emotionen. Gestalten Sie Ihr persönliches Seelenreich. Verwandeln Sie die Wüste in einen Garten!

Botschaft: Um zufrieden und glücklich zu sein, brauchen wir Ziele, die nicht nur im eigenen Ich bestehen. Ziele und Zwecke, die uns unseren Platz im kosmischen Spiel und in den praktischen Notwendigkeiten zuweisen. Hier geht es darum, Verantwortung zu übernehmen und einen Lebensentwurf zu wagen, der alle Quellen und Begabungen eines Menschen erschließt und auf vielen Stufen fruchtbar macht.

Praxis: Die vielen Gefühle, die durch die zehn Kelche angezeigt sind, stellen Sie vor die Aufgabe, die Gesamtheit von Gefühlen und Emotionen in Ordnung zu bringen und im Fluss zu halten. Hüten und schützen Sie sich jetzt besonders vor Entschlusslosigkeit, vor hitzigen und übertriebenen Gefühlen sowie vor dogmatischen Ansichten.

- ✦ Haben Sie „Mut zum Gefühl", auch wenn Ihre Gefühle größer sind als Ihr bisheriges Fassungsvermögen.
- ✦ Lösen Sie sich von inneren Abhängigkeiten und bringen Sie Ihren Ball ins Spiel. Begreifen Sie sich auch als Pionier/in in Gefühlsfragen und Liebesdingen
- ✦ Prüfen Sie sich selber, Ihre Freunde, Ihre Feinde. Viele Glaubensvorstellungen befinden sich im Wandel.
- ✦ Lassen Sie die Gefühle aller Beteiligten gelten. Das bringt großes Glück.

KÖNIGIN DER SCHWERTER
KÖNIG DER SCHWERTER
RITTER DER SCHWERTER
PAGE DER SCHWERTER
AS DER SCHWERTER
II
III
IV
V
VI
VII
VIII
IX
X

Schwerter

Schwerter vertreten das Element Luft.

Luft bedeutet menschliche Atmosphäre, Lebensgeister, geistige Energie und Gedankenwelt. In der Natur sind es der Luftraum und die Erdatmosphäre und im Übrigen die Sterne (die durch die irdischen Luftschichten erst für uns funkeln), welche die Kraft des Elements Luft in seinen verschiedenen Formen zur Geltung bringen. Im menschlichen Verhalten sind es besonders Denken, Wissen und Urteilskraft, Bewusstheit und Intelligenz, die dem Element Luft entsprechen.

Weitere Merkmale des Elements Luft: Geistesgegenwart und Gedankenkraft, Begriffe, Werte und Beurteilungen, ästhetische Maßstäbe und Mitteilungskünste. Charakteristisch für das Element Luft: Erkenntnisse und Entscheidungen. Schwierige Situationen („harte Nüsse") werden gemeistert, indem man die erforderlichen Lernprozesse bewältigt: „Jetzt ist es klar."

Zum Element Luft gehören die Tierkreiszeichen Waage, Wassermann und Zwillinge.

Schlüsselbegriff ist hier der Geist. Praktisch geht es bei den Schwertern als Erstes darum, geistige und gedankliche Klarheit herzustellen. Die „Waffen des Geistes" wollen genutzt werden: Nur ein ungenutzter Geist verschleißt!

Königin der Schwerter

Bild: Das Schwert ist hoch erhoben. Der Geist ist aufgerichtet. Der Blick reicht weit. In beiden Welten zu Hause – im Himmel und auf der Erde. Doch Wolken trennen Kopf und Fuß. Die linke Gesichtshälfte der großen Bildfigur liegt im Verborgenen. Den Schlüssel dazu liefern Kinderkopf, Mondsicheln (oder Doppelaxt) und Schmetterling auf dem Thron.

Ermitteln Sie Ihre wirklichen Bedürfnisse und vertreten Sie diese ohne Halbherzigkeit. Gehen Sie behutsam mit Ängsten um. Vorurteile und Ängste drücken oft ärgerliche Hindernisse, in vielen Fällen jedoch auch berechtigte Bedürfnisse aus. In der Macht des Schwertes liegt es, die geistigen

Kapazitäten zu entfalten und zu verfeinern. Und dazu gehört es eben auch, Begriffe und Urteile für Erfahrungen zu finden, bei denen bislang Unwissenheit und Unbewusstheit herrschten.

Symbolgehalt: Die Heimat dieser Königin ist das Luftreich. Strenge Richterin und lustige Elfenkönigin: Die Königin der Schwerter hat zwei Gesichter. Ihre Krone ist aus hartem Metall, doch zugleich stellt sie einen Reigen von Schmetterlingen dar, die den Kopf der Königin umflattern. Eine weitere Betrachtungsweise: Diese Königin kennt ihr wahres Gesicht nicht. Sie zeigt und kennt nur die eine Seite Ihres Gesichts.

Flüchten Sie nicht aus engen Lebensverhältnissen in geistige Abgehobenheit. Und gehen Sie nicht aus geistiger Not Bindungen ein, die Sie im Nachhinein bereuen und als zu eng empfinden. Nutzen Sie die Kraft des Schwertes, um sich von inneren und äußeren Abhängigkeiten zu befreien. Richten Sie sich auf. Vertrauen Sie auf Ihre eigene Kraft und Ihr eigenes Urteil. Schärfen Sie Ihren Geist und machen Sie den Weg frei für die Verwirklichung aktueller Wünsche und Bedürfnisse.

Botschaft: Was immer auch geschieht, *es gibt (mindestens) eine Alternative!* Ihre geistige Freiheit besteht darin, dass Sie stets für neue Alternativen sorgen und sich für die Richtung entscheiden, die für Sie stimmt.

Seien Sie sorgsam in Ihren Bewertungen und liebevoll in Ihren Beurteilungen. Die Schwerter vertreten dabei generell eine „geistige" Liebe. Das kann eine trockene Liebe ohne Leib und Seele sein; andererseits aber auch eine bewusste Liebe, die nicht (nur) in Emotionen, sondern in der Hinwendung zur geliebten Person oder Sache „ohne Zorn oder Eifer" besteht.

Persönliche Freiheit ist stets auch die Freiheit des anderen, um Ihre aktuellen Fragen zu beantworten. Das gilt für den zwischenmenschlichen und politischen Bereich und ebenso für das Reich des Geistes. Dem anderen Freiraum zu geben, ist aber entweder ein Zeichen der Beliebigkeit oder ein Zeichen der Liebe, der generellen Akzeptanz als Gleichberechtigte/r.

Praxis: Jenseits der Halbheiten wird die ganze Macht des Schwertes erweckt. Schauen Sie hinter die Kulissen angeblicher Sachzwänge.

- ✦ Lösen Sie hindernde Verpflichtungen. Zeigen Sie Profil. Machen Sie deutlich, was Sie meinen.
- ✦ Befreien Sie sich von Vorurteilen, die da zum Beispiel lauten: „Keine Zeit", „kein Geld", „keine Kraft" und dergleichen.
- ✦ Ergreifen Sie die Initiative und finden Sie neue Alternativen.
- ✦ Setzen Sie die Waffen des Geistes zur Steigerung der Lebensfreude ein!

König der Schwerter

Bild: Aus der Vogelperspektive können Sie Ihre bodenständigen Bedürfnisse und Ihre nahe liegenden Aufgaben gut überblicken, doch möglicherweise auch besonders leicht „übersehen". Die Vögel symbolisieren Ihre hochfliegenden Gedanken und diese beinhalten (oder verkleiden) durchaus nahe liegende Bedürfnisse. So sind, wenn von Vögeln die Rede ist, stets auch Ihre sexuellen und Liebesbedürfnisse angesprochen. Der Vogel symbolisiert durchaus auch die „tierische" Seite des Denkens, Ihren Spleen.

Nutzen Sie Ihre geistigen Kräfte, um Ihre Bedürfnisse immer besser zu verstehen und umzusetzen und um Ihre Gedanken zu ordnen, zu klären und zu beherzigen. Ein „bewusster Umgang mit dem Unbewussten" führt Sie zu einem persönlichen Selbstverständnis, das Platz lässt für Vernunft und Verrücktheit, Spontaneität und Bewusstheit.

Symbolgehalt: Die richtige Verknüpfung führt Sie in Ihren aktuellen Fragen weiter. Wenn Sie, wie die Rückenlehne des Königsthrones im Bild, in Ihren Gedanken, Worten und Werken Himmel und Erde miteinander verbinden, werden Sie zum Meister des Schwertes und ernten die Früchte des Geistes. Himmel und Erde stehen für Theorie und Praxis, für Geist und Natur, aber auch für Willensfreiheit und praktische Notwendigkeit (vgl. „Des Menschen Wille ist sein *Himmelreich*").

Aufgabe der Schwerter als Waffen des Geistes ist es, zwischen den beiden Welten zu vermitteln, sinnvolle Übergänge und notwendige Unterscheidungen vorzunehmen. Sie brauchen jetzt Klarheit und Konsequenz, das heißt auch Unabhängigkeit, ein selbstständiges Wissen und Gewissen, Mut zur Unkonventionalität und Treue zu sich selbst. Erfahrungen zu verarbeiten, bis sie klar sind, wird in der Symbolik auch damit beschrieben, Diamanten zu fördern oder seinen Stern zu finden!

Botschaft: Sie besitzen die Gabe, Ihre Ideen und Ihr Wissen in effektiver Weise anderen mitzuteilen und auf andere zu übertragen. Doch die Grenze zur „Fernsteuerung", zur unmerklichen Manipulation der anderen, ist dabei oft nicht weit. Das größte Risiko besteht indes darin, dass Sie sich selbst manipulieren. Solange Sie das Unbewusste nicht richtig beachten (etwa nach dem Motto „Was ich nicht weiß, macht mich nicht heiß"), verpassen Sie Ihre größeren Möglichkeiten.

Praxis: Wenn Ihr Wissen so weit fortschreitet, dass Ihnen auch klar ist, was Sie nicht wissen, dann bildet und regt sich Ihr Bewusstsein. Und Sie können kühne Entscheidungen ohne falschen Eifer und mit umso größerem Erfolg treffen.

- ✦ Bewahren und bestärken Sie Ihre geistige Unabhängigkeit und Ihre persönliche Verbindlichkeit. Verstehen Sie Ihre persönliche Logik und folgen ihr!
- ✦ Akzeptieren Sie Ihre Mitmenschen mit deren jeweiliger Logik, auch wenn Sie sie nicht verstehen.
- ✦ Schützen Sie sich vor Hochnäsigkeit und Unterwürfigkeit, vor idyllischen und zynischen Geisteshaltungen.
- ✦ Erhalten Sie sich die unbegrenzten Möglichkeiten des Geistes und bewältigen Sie die begrenzten Aufgaben, die vor Ihnen liegen.

Ritter der Schwerter

Bild: Die Rasanz der Bewegung ist hier vor allem als *geistige* Schnelligkeit zu verstehen. Würde es um Taten und Aktionen gehen, wären Stab-Karten angesagt.

Hier aber ist es das Reich der Luft und es geht um die Schnelligkeit der Gedanken und geistigen Energien. Ein radikales Denken, das auch vor Tabus nicht Halt macht. Gefahr: Es drohen Rücksichtslosigkeit und Verletzung. Chance: Leidenschaft und Erkenntnis beflügeln sich gegenseitig.

Symbolgehalt: So entschieden, wie der Reiter auf dem Pferd sitzt, lassen sich folgende Schlüsse ziehen: Entweder der Reiter ist dem Pferd ausgeliefert. Dann symbolisiert dieses Bild das so genannte „wilde Denken". Das Denken folgt dem Chaos des Unbewussten und ist somit zwar schneller, vielfältiger und beweglicher als das Denken in einer begrenzten Logik. Aber es wird selber chaotisch. Damit laufen Sie Gefahr, zum „Geisterfahrer" zu werden. In einer *zweiten* Bedeutung zeigt sich hier ein/e Fanatiker/in, um Ihre aktuellen Fragen zu beantworten, ein Mensch, dessen gesamtes Streben und Betrachten auf ein Ziel gerichtet ist, weil sein Denken davon besessen ist. In irgendeiner Weise macht dabei das Bewusstsein Jagd auf alles Unbewusste. Das kann z.B. so aussehen, dass Sie generell oder in einer bestimmten Angelegenheit „alles in den Griff" bekommen und kontrollieren wollen, dass Sie gegen „Schwäche" und „Dummheit" bei sich oder bei anderen zu Felde ziehen, dass Sie Nähe, Freundschaft und Vertrauen zu vermeiden suchen, weil Sie den Verlust der Kontrolle fürchten.

Oder der Reiter besitzt ein solches Vertrauen zu seinem Pferd und eine solche Souveränität im Umgang mit ihm, dass hier eine Freundschaft von Bewusstem und Unbewusstem angezeigt ist, eine *Aufhebung des Unbewussten.* Der Geist dient nun dazu, die Bewegungen des Unbewussten zu koordinieren und auszurichten. Erst in dieser *Freundschaft* lassen sich die beschriebenen Gegensätze bearbeiten und aufklären.

Botschaft: Das einzige ernst zu nehmende Hindernis für ein konsequentes Denken ist unsere Furcht vor unangenehmen Wahrheiten. Wie aber können praktische Unannehmlichkeiten erleichtert und leidige Unwahrheiten gelöst werden, wenn nicht durch die klärende Macht des Geistes?

Konsequentes Denken ist radikal. Sie wollen die ganze Wahrheit erfahren und neue Wahrheiten ausprobieren. „Denn wenn man was liebt, / was man eigentlich kaum bekommen kann, / was unereichbar fern erscheint, / wird man ein Stück traurig. / Wird man ein Träumer. / Oder man wird ein Radikaler / oder ein radikaler Verwirklicher seiner Träume." (Susanne Zühlke)

Praxis: Die Aufgabe des Schwertes und die praktische Bedeutung dieser Karte liegen darin, die Reichweite, die Intensität und die Qualität des Lebens zu erhöhen und *dafür* den Weg freizumachen.

- ✦ Lassen Sie die Schubladen des Denkens hinter sich.
- ✦ Machen Sie sich selbst das Geschenk, dass Sie Ihre Gedanken – wie Ihre Träume – ernst nehmen.
- ✦ Entfalten Sie Ihr Denkvermögen.
- ✦ Wagen Sie (mehr) Verbindlichkeit und Konsequenz.

Page/Bube der Schwerter

Bild: Ein freies und abenteuerliches Denken, das als Brainstorming für den Austausch vielfältiger, auch wechselhafter Ideen und Assoziationen sorgt: Geistige Beweglichkeit oder „Windmühlenkämpfe"? Das „Fähnchen nach dem Wind hängen"? Freude an gedanklichen Experimenten? Dringen Sie auf Aufklärung.

Geben Sie Ihr Urteilsvermögen nicht an andere ab. Der Wert einer neuen Idee bemisst sich nicht an dem, was ist, sondern an dem, was *wird.*

Bewahren Sie sich Ihre Leichtigkeit, Ihren Witz und Ihre Frische. Vielleicht spüren Sie, dass der Teil, den ein Mensch begreifen kann, kleiner ist als das, was ist. Aber ob Sie Ihren Teil begreifen und nutzen, damit für Sie und Ihre Mitmenschen das Leben leichter, bewusster und unterhaltsamer wird, das macht in jeder Beziehung einen großen Unterschied aus.

Symbolgehalt: Die Luft vermag uns im konkreten wie im übertragenen Sinne „Auftrieb" zu geben. Ein funktionierender Geist bewahrheitet sich darin, dass er uns vieles leichter macht.

Die zahlreichen Vögel in der Luft signalisieren ein unkonventionelles, freies und abenteuerliches Denken, das als Brainstorming für den Austausch vielfältiger, auch sprunghafter Ideen und Assoziationen sorgt. Geistige Vielfalt bewährt sich im „Mut zur Lücke" und zur zügigen Klärung von Entscheidungen. Es geht nicht darum, dass Sie Ihre aktuellen Entscheidungen auf die leichte Schulter nehmen. Vielmehr darum, dass Sie selbst schwierige Fragen dadurch leicht machen, dass Sie das Notwendige tun, den nächsten Schritt bewusst gehen, auch wenn der Gesamtzusammenhang des Woher und Wohin im Moment nicht abzusehen und/oder leider auch nicht zu klären ist.

Botschaft: Machen Sie sich klar, was Sie *nicht* wissen. Ein unreifes Bewusstsein glaubt an die Allmacht der Gedanken. Man verwechselt sich mit dem, was man im Kopf hat. Man kämpft gegen „Windmühlen", gegen Gefahren und Ängste, die der eigenen Vorstellung entspringen.

Lassen Sie sich nicht in sinnlose Auseinandersetzungen verwickeln. Bewahren Sie sich Ihre Leichtigkeit, Ihren Witz und Ihre Frische. Vielleicht spüren Sie, dass der Teil, den Sie jetzt begreifen können, kleiner ist als das, was insgesamt ist. Aber ob Sie *Ihren Teil jetzt* begreifen und nutzen, das macht einen großen Unterschied aus.

Praxis: Eine gewisse Unbekümmertheit des Denkens und eine Freude an geistigen Experimenten zeichnen den Inhalt dieses Bildes aus. Es lädt Sie zum Jogging für die „kleinen grauen Zellen" ein und verspricht Ihnen eine Erfrischung des Geistes.

- ✦ Dringen Sie auf Aufklärung.
- ✦ Gliedern sie komplexe Fragen und Aufgaben in Teilbereiche auf. Machen Sie es sich so einfach wie möglich. Bewahren Sie Überblick und Zusammenhang.
- ✦ Der Wert einer neuen Idee misst sich nicht an dem, was ist, sondern an dem, was wird.
- ✦ Nehmen und halten Sie das Schwert selbst in der Hand. Geben Sie Ihr Urteilsvermögen nicht an andere ab.

As der Schwerter

Bild: Krone der Schöpfung, andererseits maximale Entfremdung von der Natur. Nehmen Sie es als Geschenk und als Auftrag, das Schwert neu zu begreifen und neue Lösungen, neue Entscheidungen zu finden! Spüren Sie den einen Geist, der in allem wohnt!

Die Fruchtbarkeit Ihres Geistes misst sich in der Verfeinerung und Erfüllung praktischer Bedürfnisse. Für Ihre aktuellen Fragen bedeutet dies, dass Sie Ihr Bewusstsein schärfen und erheben sollen, um Widersprüche zuzuspitzen und auf einen Nenner zu bringen. Sorgen Sie für die Einheit von Denken und Tun. Befreien Sie sich von unangebrachten Zweifeln.

Symbolgehalt: Die Schwerter stehen für die Waffen des Geistes und der Geist ist ein Teil der menschlichen (!) Natur, kommt jedoch in der übrigen Natur, die rings um den Menschen besteht, nicht vor. „Alle Lebewesen sind beseelt, nur der Mensch ist be-geistet." (Wilhelm Unger)

Der Geist, der alles durchströmt, schafft *auch* Universalität und Einheit. Es ist ein Vorurteil, dass der Geist nur für Trennungen sorgt.

Worin besteht die Krönung des Geistes? Diese Krönung ist die Liebe! Die Frucht des Geistes geht auf, wenn Sie Ihr „Schwert" dazu nutzen, das Leben auf dieser Erde menschlicher und Ihr persönliches Dasein fruchtbar zu machen.

Botschaft: Der uralte Gegensatz von Geist und Natur, von Vernunft und Verlangen, Herz und Verstand usw. muss heute kein unüberwindbarer Gegensatz mehr sein. Unsere Bedürfnisse, Instinkte und Triebe sind in sich alles andere als klar, widerspruchsfrei und selbstverständlich.

Wenn Sie denken und Ihre geistige Kapazität nicht nur als Zensor des Unbewussten einsetzen, sondern auch als dessen Freund und Helfer, so ergibt sich interessanterweise: Durch den Geist, durch die Luft und durch das Schwert bekommen wir neue, bessere Chancen, unsere grundlegenden Bedürfnisse zu erkennen und zu verwirklichen.

Praxis: Machen Sie Unterschiede. Teilen Sie große Fragen in kleine Schritte auf. Entscheiden Sie sich neu. Bringen Sie unterschiedliche Alternativen auf einen Nenner und auf einen Begriff. Sammeln Sie vielfältige Erfahrungen, ehe Sie Ihr Urteil fällen. Achten Sie besonders auf die *Einheit* Ihrer Erkenntnisse und der Konsequenzen, die Sie daraus ziehen.

- ✦ Sie selbst gleichen dem Schwert: Spüren Sie den einen Geist, der in allem wohnt und der auch Sie durchströmt!
- ✦ Wagen Sie einen Neuanfang der Erkenntnis, der Entscheidung und des Wissens.
- ✦ Ihre Gewissheit ist jetzt das Gewissen!
- ✦ Die Fruchtbarkeit Ihres Geistes misst sich in der Aufhebung, Verfeinerung und Erfüllung Ihrer Bedürfnisse.

Schwerter II

Bild: Sie tappen im Dunkeln, solange Sie Ihre Gefühle im wahrsten Sinne des Wortes nicht berücksichtigen – das Wasser, den Mond und das, was unter der Wasseroberfläche verborgen ist. Nutzen Sie die Schwerter, um Ihre Gefühle bewusst aufzuarbeiten.

Wenn Sie aber (Ihre oder anderer Leute) Gefühle verstehen, gewinnen Sie jetzt Einsichten in Bereiche, die dem Augenschein verschlossen bleiben. Wie ein Funker zu fernen Kontinenten Kontakt aufnehmen kann, so gewinnen Sie Kontakt und Verständnis für unbewusste Lebens- und Seelenbereiche.

Symbolgehalt: Mit verbundenen Augen zu schauen, heißt auch, das Sehen beider Augen miteinander zu verbinden. Diese andere Art zu sehen heißt zu verstehen. Die fremden Bereiche jenseits des Augenscheins können sich auf die Welt der Vorstellungen beziehen, auch auf das so genannte abstrakte Denken. Die fremden Welten, in die Sie nun Einblick erhalten, können sich auf die Lebensverhältnisse anderer Menschen beziehen sowie auf unbewusste, bisher unbekannte Seiten Ihrer eigenen Person.

Es kommt jetzt auf die richtige Mischung von Analyse und Intuition, der Sprache des Herzens und der Sprache des Verstandes an. Achten Sie jetzt besonders auf den Inhalt Ihrer Träume und Ihrer Gedanken und üben Sie, sie zu deuten. Entwickeln Sie eine eigene Meinung und ein sicheres Urteil auch in den Aspekten, die schwer zu fassen sind. Lassen Sie sich kein X für ein U vormachen. Bestimmen Sie selbst, was Sie fühlen und was Sie denken.

Botschaft: Der bloße Augenschein hilft nicht weiter. Hier zählt ein bewusster Umgang mit dem Unsichtbaren: Bringen Sie Ihre Fantasie ins Spiel. Sortieren Sie Ihre Erfahrungen und Vorstellungen.

Die Karte warnt auch davor, sich hinter Ihren aktuellen Fragen zu verbarrikadieren und den Zugang zu den Gefühlen zu versperren. Schützen Sie sich vor einer Halbierung des Lebens. Die Waffen des Geistes sind ein Angebot, die eigenen Bedürfnisse und das, was Ihre Mitmenschen Ihnen geben oder abverlangen, immer besser zu beurteilen und zu beherzigen.

Praxis: Suchen Sie den Moment zwischen Tag und Traum, zwischen Schlafen und Wachen auf. Ihnen bietet sich jetzt eine gute Gelegenheit, Gedanken auf ihre Bedeutung und Ereignisse auf ihren Sinn hin zu untersuchen und zu verstehen.

- ✦ Wo der Augenschein endet, beginnt das Reich des Geistes. Schauen Sie hinter die Kulissen und unter die Oberfläche der Erscheinung. Sammeln Sie nicht nur Informationen, sondern sorgen Sie für ein tiefer gehendes Verständnis.
- ✦ Setzen Sie sich mit Erfahrungen und Verhaltensweisen auseinander, die bislang fremd erschienen. Vermeiden Sie, Fragen im Voraus zu beurteilen. Denken Sie lieber nach.
- ✦ Akzeptieren Sie andere, auch wenn Sie sie nicht verstehen. Und machen Sie sich nicht abhängig vom Verständnis anderer oder der Anerkennung durch andere.
- ✦ Deuten Sie den Inhalt Ihrer Träume und Ihrer Gedanken.

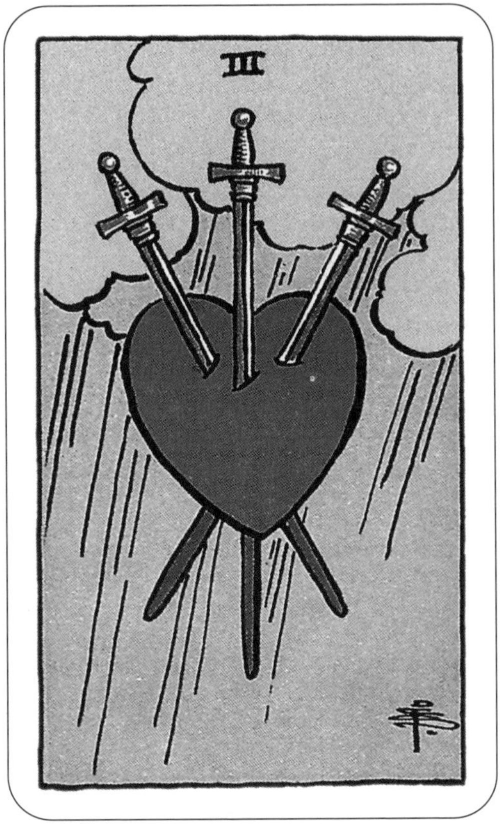

Schwerter III

Bild: Diese Karte ist oft als „Kummer-Karte“ missverstanden worden. Tatsächlich handelt sie davon, dass Geist (Schwerter) und Herz bzw. persönliche Mitte auf einen Nenner kommen. Es ist die Kraft der Ehrlichkeit.

Diese ist nicht nur im moralischem Sinne überlegen. „Ehrlich währt am längsten“, und zwar ganz effektiv und praktisch, weil man so in der Lage ist, mit allen Kräften und Energien des Lebens zusammenzuarbeiten.

Wenn Sie diese Karte ziehen, können Sie aufhören, sich oder anderen etwas vorzumachen. Kommen Sie jetzt auf den Punkt, halten Sie sich an das Wesentliche: „Geh, wohin dein Herz dich trägt.“

Symbolgehalt: Die Schwerter als Waffen des Geistes berühren und durchdringen hier das Herz. Neutral ausgedrückt, sehen wir hier das, was in der Computertechnik als „Schnittstelle“ bezeichnet wird. Eine Schnittstelle oder interface verbindet verschiedene Systeme. So werden hier Herz und Verstand, Bewusstes und Unbewusstes, äußere und innere Erlebnisfähigkeit miteinander vernetzt und verbunden.

Wenn wir bewusst zu dem vorstoßen, was wir auf dem Herzen liegen haben, kann selbstverständlich Kummer zutage gefördert werden. Daneben kann es aber eine befreiende und erheiternde Wirkung mit sich bringen, wenn wir endlich „in den Kopf bekommen“, was uns im Herzen bewegt.

So oder so gibt die Karte ein *Bild der Bewusstseinsarbeit* ab, der Verbindung verschiedener Bereiche des Denkens und von Sein (Herz) und Bewusstheit (Schwerter).

Botschaft: Der Pfeil des Amors durchbohrt das Herz – eine Symbolik, die im Allgemeinen gern gesehen wird. Die drei Schwerter im Herzen bedeuten das Gleiche. Die drei Schwerter wie der Pfeil des Amors können Kummer verursachen. Es kann aber auch der Beginn einer wunderbaren Liebe und Freundschaft sein – man kümmert sich um die Herzensbedürfnisse und sorgt für ihre Erfüllung.

Wenn Sie diese Karte ziehen, können Sie aufhören, sich oder anderen etwas vorzumachen. Kommen Sie jetzt auf den Punkt, halten Sie sich an das Wesentliche. Eine besondere Chance, das zu ermitteln, zu benennen und auszudrücken, was Ihnen am Herzen liegt. Äußern Sie Ihre Wünsche und Betroffenheit! Und akzeptieren Sie das Gleiche für Ihre Mitmenschen.

Praxis: Seien Sie gründlich in Ihren aktuellen Auseinandersetzungen. Forschen Sie solange, bis Sie die Sache durchdrungen und verschiedene Argumente auf einen Nenner gebracht haben. Falls jetzt schmerzhafte Lernprozesse damit verbunden sind, akzeptieren Sie diese, im Bewusstsein, dass Ihre interne „Schnittstelle“ gereinigt und wieder in Betrieb gesetzt wird.

- ✦ Machen Sie aus Ihrem Herzen keine Mördergrube. Bringen Sie zum Ausdruck, was Sie empfinden. Und prüfen Sie die Bedeutungen Ihrer Gedanken, ehe Sie sie weitertragen.
- ✦ Riskieren Sie (mehr) Aufrichtigkeit. Sie können dabei nur gewinnen.
- ✦ Wenn Sie den Sinn Ihrer Gedanken und Erfahrungen verstehen wollen, wenden Sie sich jetzt nach innen.
- ✦ Bauen Sie Vorbehalte, Vorwände und Vorurteile ab. Vertrauen Sie der Kraft der besseren Erkenntnisse.

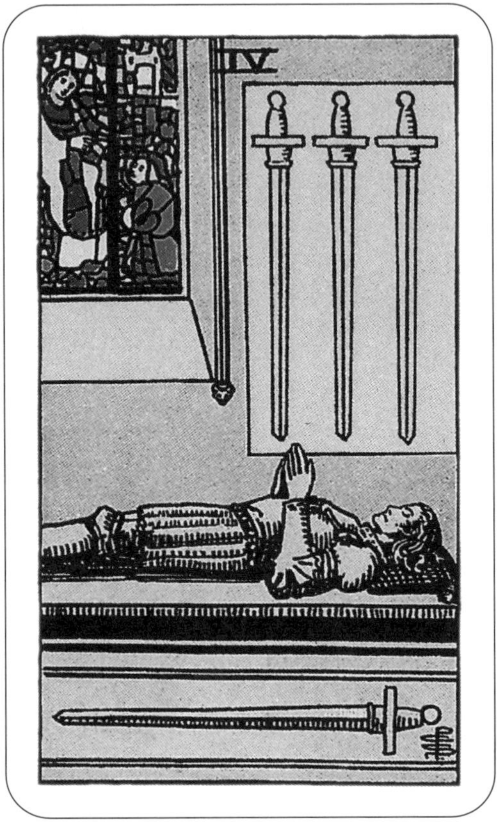

Schwerter IV

Bild: Brauchen Sie zur Zeit Ruhe, Urlaub oder müssen Sie vielleicht eine Zwangspause einlegen? Wenn ja, dann sagt Ihnen diese Karte, dass der Zweck dieser Ruhe darin besteht, Ihren geistigen Apparat zu aktivieren und voll funktionsfähig zu machen.

In vielen Fällen betrifft die Karte jedoch keine äußere, sondern die geistige Ruhe. Diese aber ist gleichbedeutend mit persönlicher Zufriedenheit und einem guten Gewissen. Die linke Figur im Fensterbild trägt in ihrem Heiligenschein das Wort PAX – Frieden. Um diesen beizubehalten oder wiederherzustellen, müssen Sie sich vielleicht sogar weniger schonen.

Symbolgehalt: Das Fensterbild mit dem Wörtchen PAX (davon auch „peace") ist Ausdruck und Inbegriff eines kristallklaren Geistes, der seine Ruhe und seinen Frieden eben deshalb findet, weil er sich nach allen Seiten hin betätigen kann, weil er lebt und pulsiert.

Die Karte demonstriert somit zwei völlig unterschiedliche Formen der Einbildungskraft. Fantasien und Einbildungen, die keine Grundlage in Ihren wirklichen Erfahrungen besitzen, können Sie lähmen, ja, sogar schachmatt setzen. Ganz anders verhält es sich mit der wünschenswerten Fähigkeit, die verschiedenen Richtungen der Erfahrungen und des Denkens auf einen Punkt zu bringen und in einem Bild oder einem Begriff zu vereinigen. Wenn Ihre Fantasien und Einbildungen auf Erfahrungen beruhen und zu ihnen auch wieder zurückkehren, dann bedeutet Einbildungskraft die wunderbare Fähigkeit, Zerstreuung und Fixierungen des Denkens zu überwinden, indem Sie sich immer wieder neu aus vielen Erfahrungen, eigenen wie fremden, *ein* Bild zu machen verstehen.

Botschaft: Ein *ruhiges Gewissen* ist ein sanftes Ruhekissen ... Ein „ruhiges Gewissen" – das kann der Versuch sein, unangenehme Widersprüche zu verdrängen und zu verschlafen. Mit diesem Problem oder mit dieser Gefahr müssen Sie für sich selbst oder die anderen Beteiligten in Ihren aktuellen Fragen rechnen.

Wenn Sie den Mut und die Ehrlichkeit aufbringen, Licht in bisherige Grauzonen oder Tabubereiche zu bringen, dann wird es Ihnen jetzt gelingen, sich aus vielen Erfahrungen wieder *ein Bild* zu machen und zu einem ruhigen Gewissen zu finden, das deshalb so ruhig ist, weil es voll funktionieren und ungestört arbeiten kann.

Praxis: Bringen Sie Ordnung in Ihre Gedanken und durchleuchten Sie Ihre Erfahrungen.

- ✦ Pflegen Sie Ihre geistige Kapazität. Je mehr Sie sie gebrauchen, desto stärker wird sie. Nur ein ungenutzter Geist verschleißt.
- ✦ Arbeiten Sie in Ihren aktuellen Fragen Ihre Erfahrungen und Gedanken durch, bis Sie ganz zufrieden sind und eine Übereinstimmung hergestellt ist.
- ✦ Gehen Sie Störungsquellen nach, die Sie in Ihrem Denken behindern, und beheben Sie sie.
- ✦ Begründen Sie Ihre Fantasien und Vermutungen. So schützen Sie sich vor Einbildungen, die Ihnen nur Kraft entziehen, und gelangen zu Ein-Sichten, die Ihnen Gewissheit schenken.

Schwerter V

Bild: Die Zeiten, in denen Sie sich klein fühlten, liegen zurück. Rückblickend können Sie Schwierigkeiten, Ängste und Schwächen verstehen und verzeihen und je nachdem annehmen oder verabschieden.

Die Quintessenz des Geistes ist ein geeignetes Bewusstsein, eine persönliche Klarheit, die Sie bereichert und erleichtert. Aus Erfahrung lernen. Suchen Sie nach dem Sinn von Siegen und Niederlagen. Nutzen Sie die Waffen des Geistes als Mittel der Heilung. Nehmen Sie Ängste, Sorgen, Kränkungen und Schwachpunkte ernst. Vertrauen Sie der Kraft der Liebe. Sie haben nichts zu verlieren, aber viel zu gewinnen.

Symbolgehalt: Karten mit der Zahl Fünf stehen unter anderem für die persönliche Quintessenz. Die Quintessenz des Geistes erweist sich hier in der Frage, ob Sie Ihre Schwerter, Ihre geistigen Begriffe und gedanklichen Werkzeuge, dazu benutzen, gewisse Seiten von sich selbst abzutrennen, oder umgekehrt dazu, Stärken und Schwächen zu überbrücken.

Das Bild stellt u. a. einen persönlichen Wachstumsprozess dar: Am Anfang hatten Sie „nahe am Wasser gebaut" (die kleine Bildfigur), die Schwerter lagen Ihnen fern und oft mussten Sie die Hände vor dem Kopf zusammenschlagen, weil Sie etwas nicht fassten oder nicht ertrugen. Dann sind Sie gewachsen, näher an die Schwerter herangekommen (die mittlere Figur im Bild).

Heute haben Sie die Waffen des Geistes ergriffen und *rückblickend* verstehen Sie Situationen, in denen Sie sich früher einmal klein und winzig gefühlt haben. Sollten sich jetzt solche oder ähnliche Situationen noch einmal wiederholen, so wissen Sie dennoch, dass Sie jetzt über Ihre große und bewusste Seite (die Bildfigur im Vordergrund) verfügen, die Ihnen mit Rat und Tat zur Seite steht.

Botschaft: Seien Sie gründlich in Ihren Auseinandersetzungen! Suchen Sie nach dem Sinn von Siegen und Niederlagen und erkennen Sie den Wert der Erfahrung, der darin zum Ausdruck kommt.

Befreien Sie sich aus geistigen Abhängigkeiten. Praktizieren Sie Aufrichtigkeit und halten Sie Ihren Blick vor geistiger Not und geistigem Elend nicht verschlossen. Versuchen Sie Unmündigkeiten zu beenden.

Praxis: Es ist nie zu spät und selten zu früh, Erfahrungen zu verarbeiten und die erforderliche Lektion zu lernen.

- ✦ Nehmen Sie Kummer, Sorgen und andere Schwachpunkte ernst. Kümmern Sie sich darum.
- ✦ Lassen Sie sich von Schwierigkeiten nicht „herunterziehen". Die Wahrheit hat viele Gesichter. Gerade, wenn Sie Schwierigkeiten beheben und unvermeidliche Fehler ertragen müssen, dürfen Sie jetzt die Flinte nicht ins Korn werfen.
- ✦ Bringen Sie verschiedene Etappen Ihres Lebens, verschiedene Wachstums- und Entwicklungsphasen Ihres Bewusstseins in den Zusammenhang. Machen Sie sich ein Bild, einen Begriff Ihrer geistigen Stärken und Schwächen.
- ✦ Bewahren Sie auch in geistigen Dingen die Treue zu sich selbst. Vertrauen Sie der Kraft der Liebe und der Wahrheit.

Schwerter VI

Bild: Das Boot ist ein Symbol des Bewusstseins auf dem Wasser des Unbewussten. Ihr Bewusstsein kann Brücken bauen, verschiedene Welten und Wahrheiten miteinander in Verbindung bringen. Machen Sie sich also bereit, die Inhalte Ihres Bewusstseins so deutlich auszudrücken und „hinüberzubringen", dass Sie auch beim anderen ankommen.

Teilen Sie Ihre Gedanken und Vorstellungen, Ihre Ideale und Ansprüche, Ihre Stärken und Schwächen anderen mit. Machen Sie sich auf zu neuen Ufern. Es wird nie mehr so sein „wie früher", wenn Sie Ihre Lektion gelernt haben und die Summe Ihrer Erfahrungen jetzt mit auf den Weg nehmen.

Symbolgehalt: Setzt der Fährmann zu neuen Ufern über oder ist er der ruhelose Pendler zwischen den Welten? Lassen Sie Ihre Intelligenz zu einem starken Staken werden, zu einem Werkzeug, auf das Sie sich verlassen können, weil es Bodenkontakt, Verbindung zu den *Gründen* besitzt.

Bleiben Sie also nicht an der Oberfläche stecken. Ein persönliches Bewusstsein, das etwas taugt, stützt sich auf Ihre wirklichen Bedürfnisse und verhilft Ihnen dazu, Ihre tieferen Bedürfnisse und Grundmotive immer besser zu begreifen und so in die Hand zu nehmen.

Botschaft: Suchen Sie die *Erfahrungen,* die hinter den Lehrsätzen stehen. Verstehen Sie, was Sie oder andere *im Grund* mit dem meinen, was sie tun oder sagen. Und machen Sie anderen begreiflich, was Ihnen am Herzen liegt.

Setzen Sie Ihre Intelligenz, Ihre ganzen Kombinations- und Vermittlungskünste ein, damit es zwischen Ihren Mitmenschen und Ihnen *fließt* und Sie „im Strom" der Ereignisse einen eigenen Kurs zu steuern wissen, weil Sie *von allem* lernen.

Praxis: Innenwelt und Außenwelt in effektiver Weise miteinander zu vernetzen, *persönliche Wahrheit und die Wahrheit des anderen* in ein ausgeglichenes Verhältnis zu bringen, das ist eine komplexe Angelegenheit und im wahrsten Sinne des Wortes eine *Wissenschaft für sich.* Es handelt sich um ein groß angelegtes Experiment, bei dem Sie selber mittendrin und beteiligt sind.

- ✦ Begreifen Sie Ihre Bedürfnisse und die Ihrer Mitmenschen. Lassen Sie Ihr Bewusstsein zu einer tragfähigen Brücke werden, um diese und andere Welten zu unterscheiden und miteinander zu verbinden.
- ✦ Lassen Sie sich oder andere nicht bevormunden.
- ✦ Verstehen Sie Ihre Persönlichkeitsentfaltung als eine Wissenschaft und eine Kunst für sich. Trennen Sie sich von unbewussten Selbstverständlichkeiten und finden Sie zu Lebens-, Erlebens- und Ausdrucksformen, die Ihren wohl verstandenen Selbstverständlichkeiten entsprechen.
- ✦ Berücksichtigen Sie, dass es unbewusste Vorgänge auch in Ihnen gibt, die selbst die Summe alles Ihren Wissens übersteigen. Suchen Sie nach einer bewussten Einstellung in diesem Unbewussten.

Schwerter VII

Bild: Um den eigenen Weg aus der Fülle der Möglichkeiten herauszufiltern (herauszu-„sieben"), ist es wichtig, nicht nur die eigenen Absichten zu kennen, sondern auch gegenläufige Tendenzen zu berücksichtigen.

Dies ist eine der Bedeutungen der merkwürdigen Körpersprache der Bildfigur. Sie besagt außerdem: Sie müssen wissen, wo Sie herkommen und wo sie hinwollen, wenn Sie Ihren persönlichen Weg, Ihren eigenen Anteil am Konzert der vielen realisieren möchten.

Symbolgehalt: Die Berücksichtigung von Kehrseiten und gegenläufigen Tendenzen ist von Bedeutung, damit der eigene Weg gelingt.

Die Philosophen der griechischen Antike kannten diesen Zusammenhang und nannten ihn Enantiodromie. Das bedeutet so viel wie „eine in sich selbst gegenläufige Entwicklung". Ab bestimmten Quantitäten ändern sich die Qualitäten. Es gibt Umschlagpunkte, wo die ganze Sache *kippt.*

Im Übrigen richtet die Bildfigur ihren Kopf zur linken Seite und zum Rücken hin. Das Linke steht für das Unbewusste und der Rücken für den Schattenbereich. Damit macht das Bild deutlich, dass der eigene Weg erst dann vollends erkannt und begangen werden kann, wenn Sie nicht nur wissen, was Sie wissen, sondern ebenfalls einen Blick für den Rücken und den Schatten besitzen, das heißt, wenn Sie wissen, was Sie nicht wissen. (vgl. die beiden Schwerter, die zurückbleiben).

Botschaft: In Ihren aktuellen Fragen sind Themen enthalten, die Sie nur entscheiden können, wenn Sie weitere Schritte auf Ihrem individuellen Lebensweg vorangehen. Und: Es gibt Lösungen für Ihre konkreten Fragen, die nur Ihnen verständlich sind und die selbst Ihnen nur deutlich werden, wenn Sie Ihre persönlichen Kehr- und Schattenseiten ausleuchten.

Anders ausgedrückt: Keine Willens- und Kraftanstrengung hilft Ihnen jetzt weiter, keine voreilige Entscheidung, selbst Verzicht und Opfer sind zwecklos. Es bringt Glück, sich zur richtigen Zeit zu entscheiden.

Praxis: Was hier zählt und weiterführt, ist ein persönliches Selbstverständnis, das jedoch nur daraus entsteht, dass Sie sich in dieser Welt *selbst* verstehen. Zur Klärung Ihrer aktuellen Fragen ist es nützlich, Ihre Lebensträume, Ihre Lebenserfahrungen und Visionen aufzuarbeiten und zu deuten. Eine anspruchsvolle, doch überaus lohnende Aufgabenstellung.

- ✦ Haben Sie den Mut, sich für einen eigenen Weg zu entscheiden.
- ✦ Ihr persönlicher Stil ist für Sie letzten Endes das Selbstverständlichste, das Beste – und auch das Einfachste auf der Welt. Sie müssen nur Ihr Selbstverständnis auf dem Laufenden halten.
- ✦ Verabschieden Sie sich von sinnlosen Gewohnheiten, und begreifen Sie Ihre aktuellen Auseinandersetzungen als Beitrag dazu, Ihre Aufgabe und Ihren Platz in der Welt zu verstehen und zu vertreten.
- ✦ „Auch ein Marsch von tausend Meilen beginnt mit dem ersten Schritt."

Schwerter VIII

Bild: Wenn Sie sich gefesselt, gehemmt oder gefangen fühlen, dann ist jetzt eine gute Zeit dafür, diese und andere hinderlichen Bindungen aufzutrennen. Bewegen Sie sich wie die Bildfigur vorsichtig auf die Schwerter hin. Nutzen Sie Ihre umfangreichen geistigen Fähigkeiten, befreien Sie sich und legen Sie unangebrachte Verbindlichkeiten und Verpflichtungen nieder.

Auf der anderen Seite bedeutet das Bild auch, dass Sie innere Einkehr halten. Besinnen Sie sich auf Ihre innere Kraft und auf Ihre persönliche Weisheit. Regenerieren Sie sich in der Stille.

So oder so geht es darum, mental und geistig zu wachsen.

Symbolgehalt: Diese Station des Tarot ermuntert Sie dazu, einmal bewusst von äußeren Reizen Abstand zu nehmen und Ihr inneres Wissen zur Geltung zu bringen. Manchmal ist es nötig, bewusst die „Rolläden herunterzulassen“.

Darüber hinaus stellt die Karte auch ein Sinnbild Ihrer persönlichen Konsequenz und Verbindlichkeit dar. Kopf und Hände sind gebunden, das heißt aber auch, sie sind miteinander verbunden. Es geht also um eine besonders spürbare *Einheit des Denkens und Handelns.* Kopf und Bauch, Gesicht und Geschlecht, Denken und Tun sind jeweils mit Energiequellen zu vergleichen, deren Kraftfelder sich überlagern.

Botschaft: Hier ist Ihre Verbindlichkeit gefragt. Nutzen Sie Ihre aktuellen Fragen zu einer Bestandsaufnahme Ihrer geistigen Interessen und Probleme. Setzen Sie Ihren geistigen Apparat instand. Pflegen Sie ihn und erweitern Sie ihn. Wenn Ihr Denken und Ihr Handeln sich vernetzen und wechselseitig binden, werden Sie bemerkenswerte Fortschritte machen.

Wenn Sie jetzt mancherorts anecken, ist auch dies ein Hinweis darauf, dass Sie Ihr Bewusstsein erweitern möchten. Nutzen Sie ungewöhnliche Argumente, Einwände, Reibungspunkte und dergleichen als willkommene Gelegenheit zur Bewährung, Vervollständigung und Erweiterung Ihrer geistigen Reichweite.

Durchleuchten Sie Ihre Gedanken und befragen Sie Ihr Gewissen. Bestätigen, verändern oder erweitern Sie Ihr Bewusstsein. Tragen Sie Ihren Teil zur Bereinigung der Lage bei.

Praxis: Hier sind Konsequenz und Verbindlichkeit gefragt. Es geht um die Einheit des Denkens und Handelns. Hier geht es um ein geistiges Schauen und um ein persönliches Begreifen, das über Vordergründigkeiten und Oberflächlichkeit hinausführt.

- ✦ Lösen Sie sich aus geistigen Abhängigkeiten und persönlichen Befangenheiten. Dies ist jetzt keine Frage des guten Willens, sondern der Erkenntnis.
- ✦ Gehen Sie in sich, halten Sie Einkehr und begreifen Sie die enorme Fülle Ihrer Geistesgaben.
- ✦ Aufgabe der geistigen Auseinandersetzung ist es, für das, was Ihnen und anderen am Herzen liegt, neue Chancen zu erschließen.
- ✦ Bauen Sie sich Ihren eigenen Weg. Arbeiten Sie Schwierigkeiten und Einwände ab. Machen Sie den Weg frei. Ein taugliches Bewusstsein ist wie eine goldene Brücke.

Schwerter IX

Bild: Erschrecken oder Erwachen: Krasse Kontraste – Überspitzung oder Sortierung des Chaos.

Das Bild bedeutet auch, dass sich ein kompletter neuer geistiger Horizont eröffnet. Sie begreifen die Bedeutungen Ihrer Gedanken. Sie erfassen vieles, was Ihnen vorher unerklärlich war. Das ist ein Anlass zu großer Freude. Gewöhnen Sie sich langsam an den neuen geistigen Horizont. Gehen Sie in Ihren Gedanken weiter, als Sie es gewohnt waren.

Symbolgehalt: Je mehr Sie auch Gedanken entwickeln, die nicht nur vorhandenen Vorstellungen folgen, umso mehr betreten Sie ein Neuland, für das noch keine Vorerfahrung – und auch kein Bewusstsein existieren. Jedes Festhalten an vorhandenen Erfahrungen wäre als Maßstab unzureichend, wenn es um Neuland geht.

Dass Ihr gesamter Horizont davon betroffen ist, machen nicht zuletzt die astrologischen Zeichen auf der Bettdecke deutlich. Die Rosen, die dort ebenfalls zu sehen sind, stehen für die Chance, dass Ihr Selbst, die Mitte und die Wahrheit Ihrer Persönlichkeit zu neuer Schönheit erblühen.

Botschaft: Der „kurze Draht" zwischen Kopf und Herz, zwischen Denkvermögen und Betroffenheit sorgt dafür, dass Sie keine „lange Leitung", sondern *gute Reflexe* haben – zu warnen ist vor Kurzschlussreaktionen, einer *falschen Unmittelbarkeit.* Einfälle werden so zu Anfällen (z. B. von Arbeitswut; von unablässigen Versuchen, jemanden zu erreichen; von plötzlicher Angst oder unerklärlicher Heiterkeit usw.). Sie leiden darunter und/oder können damit auch Schrecken verbreiten.

Aber auf einer ganz anderen Seite hat es auch sehr *positive* Konsequenzen, wenn Denken und Handeln eine Einheit bilden, wenn z. B. emotionale Bedürfnisse ohne Wenn und Aber geistig bearbeitet werden und wenn theoretische Einsichten bei Ihnen zu praktischen Konsequenzen führen!

Die Einheit von Theorie und Praxis, von Denken und Tun, zählt seit der Zeit der alten griechischen Philosophen zu den Idealen menschlicher Bildung. Doch es handelt sich um mehr als ein bloßes Ideal. Nur wenn Gedanken und Vorstellungen auch in praktische Aktion umgesetzt, im Experiment überprüft und in der Praxis getestet werden, stellt sich heraus, welche Gedanken und Vorstellungen etwas taugen.

Praxis: Wollen Sie geistige Kurzschlüsse vermeiden, so müssen Sie die Sicherungen ausbauen, und das heißt, die Kraft und die Substanz der Schwerter, Ihrer Waffen des Geistes, zu stärken.

- ✦ Sortieren Sie Ihre Gedanken und prüfen Sie die Tauglichkeit Ihrer Vorstellungen.
- ✦ Gewöhnen Sie sich langsam an einen neuen geistigen Horizont!
- ✦ Sorgen Sie dafür, dass Ihre Gedanken Ihre Freunde oder Freundinnen sind und bleiben. Schützen Sie sich vor möglichen unüberlegten Handlungen.
- ✦ Machen Sie sich bereit, geistiges Neuland zu betreten.

Schwerter X

Bild: Neutral betrachtet, bedeutet das Bild, dass wir durch unsere Gedanken festgelegt sind. Ob und wie Ihre Gedanken oder Urteile zu Ihnen passen, erfahren Sie nur, wenn diese praktisch in Ihr Fleisch und Blut übergehen.

Die Karte warnt vor ruinösen Inhalten Ihres Bewusstseins. Falsche Vorstellungen, falsche Vorurteile usw. können Sie menschlich oder persönlich ruinieren. Im positiven Fall aber geht hier die *Saat des Geistes* auf und aus Ihrer eigenen Existenz, aus Ihrer persönlichen Praxis wächst ein Bewusstsein, das zwar kein Vorbild mehr hat, aber gerade deshalb so gut zur Individualität und Originalität Ihrer Person passt.

Symbolgehalt: Eine der bekannten Sentenzen, die im Zen-Buddhismus den Schülern und Suchenden mit auf den Weg gegeben wird, lautet: „Triffst du Buddha unterwegs, töte Buddha." Dieses Motto ist u. a. mit der biblischen Überlieferung zu vergleichen, die besagt, man solle sich von Gott kein bestimmtes Bild machen. Das bedeutet: Räumen Sie alle Idole und Autoritäten sowie alle willkürlichen Selbst-Ideale aus dem Weg. Es geht um die Hingabe an die Schöpfung und die Wahrheit des Lebens.

Auf dem Gipfel der Erkenntnis und der Fruchtbarkeit der Schwerter als „Waffen des Geistes" sehen wir keinen Helden oder Heiligen auf einem Thron. Die Früchte des Geistes erweisen sich hier darin, zu sich selbst zu stehen, die persönliche Unmittelbarkeit gegenüber „Gott und der Welt" zu verstehen – eine Unmittelbarkeit, die darin besteht, dass die eigene Person und Persönlichkeit über jedes Vorbild hinaus geht.

Botschaft: Auch wenn der Begriff vom „positiven Denken" die Runde macht, er ist in sich so unsinnig, wie es der Ausdruck „positives Rechnen" oder „positives Luftholen" wäre. Denn das Denken ist zum einen als Gehirntätigkeit eine permanente Körperfunktion wie das Atmen; es ist immer da, solange man lebt, und es ist weder positiv noch negativ, stattdessen kommt es darauf an, dass es möglichst gut funktioniert.

Das hat das Denken wiederum mit dem Atmen gemeinsam. Aber auch mit dem Rechnen; hier stellt sich ebenfalls die Frage, ob es funktioniert oder nicht. Ihre aktuelle Aufgabe ist es nun, nicht ein, zwei oder drei Schwerter zu meistern, sondern *alle!* Mobilisieren Sie all Ihre geistigen, mentalen und Bewusstseinskräfte.

Praxis: Zum *Untergang* verurteilt sind hier untaugliche Gedanken und fruchtlose Auseinandersetzungen. Der Tod der unfruchtbaren Träume, Vorstellungen und Theorien lässt einen neuen, strahlenden Horizont aufziehen. Wach sein für die Erfordernisse des Augenblicks ist dasselbe, wie sich und das Leben immer wieder anzunehmen. Es ist wie eine Liebeserklärung an die eigene Person und an das Leben!

- ✦ Schärfen Sie Ihr Bewusstsein. Gehen Sie Ihren Gedanken in ganzer Bandbreite nach.
- ✦ Ziehen Sie die Summe aus Ihren Erkenntnissen, stellen Sie fest, was diese für Sie persönlich bedeuten, und ziehen Sie daraus die Konsequenzen!
- ✦ Seien Sie bereit, auch ohne Vorbild zu handeln.
- ✦ Fördern Sie Ihre Atmung und den Fluss Ihres Denkens, doch hören Sie auf, sich allzu viele Gedanken zu machen.

KÖNIGIN DER MÜNZEN

KÖNIG DER MÜNZEN

RITTER DER MÜNZEN

PAGE DER MÜNZEN

AS DER MÜNZEN

II

III

IV

VI

VII

VIII

IX

X

Münzen

Münzen vertreten das Element Erde.

Erde bedeutet Materie, Stoff, körperliches Leben und Lebenszyklen, zusammengefasst die materiellen Lebensverhältnisse. In der Natur ist selbstredend die Erde, auf der und von der wir alle leben, Inbegriff der Erdkräfte. Gemeint ist dabei sowohl die Erdkugel als Ganzes wie auch die Erde im Sinne von einzelnen ihrer Stoffe, zum Beispiel Lehm, Sand, Stein usw. Im menschlichen Verhalten drücken sich die Kräfte des Elements Erde vor allem in körperlichen Empfindungen und Wahrnehmungen, in praktischen Fähigkeiten, angewandten Talenten und genutzten Chancen aus.

Weitere Merkmale des Elements Erde: Bodenständigkeit, Praxisbezogenheit, Lebenserhaltung, Fruchtbarkeit und Natürlichkeit. Charakteristisch für das Element Erde sind Produkte – Ergebnisse, Fakten und Definitionen. Schwierige Situationen („Belastungstests“) werden gemeistert, indem man für etwas eine feste Form schafft: „Auf die Ergebnisse kommt es an.“

Zum Element Erde gehören die Tierkreiszeichen Stier, Jungfrau und Steinbock.

Schlüsselbegriff ist der Körper. Praktisch geht es hier als Erstes darum, dass bestimmte Ergebnisse geschaffen werden. Die „Talente“ wollen vermehrt werden.

Königin der Münzen

Bild: Beachten Sie die Tiere und Tierfiguren vor und an dem Thron. Rosen und Lilien erinnern an das Bild des *Magiers.* Die Liebe zu allem Lebendigen, zu allem, was „kreucht und fleucht", gibt Ihnen ein großes praktisches Geschick und ein unsentimentales, bodenständiges Einfühlungsvermögen. Vergessen Sie nur nicht, Ihr persönliches Talent dabei hervorzuheben.

Wenn Sie diese Karte ziehen, dann kommt es auf Ihre Souveränität in der praktischen Lebensgestaltung an. Worte, Gedanken und Taten zählen hier nicht so viel wie die schließlichen Ergebnisse! Sie brauchen und Sie finden

Ergebnisse, in denen Sie sich in ganz persönlicher Weise ausdrücken und äußern können.

Symbolgehalt: Das Wesentliche ist das Kreatürliche und Natürliche. Dabei ist das menschliche Wesen stets eine Doppelnatur von Geist und Materie. Die Wüste zum Garten zu machen, bedeutet, Kultivierungsarbeit zu leisten, in welcher gerade die Spaltung in Natur und Geist oder Materie und Geist aufgehoben werden kann. Nicht zuletzt der Bergkristall ist ein Symbol dafür. Stofflichkeit und Geistigkeit, irdische Materialität und himmlische Transparenz stellen sich in ihm gleichzeitig dar.

Das Wesentliche für uns Menschen auf der natürlichen, kreatürlichen Ebene ist das Dasein, die Existenz, das Sein. Das sind die Wurzeln, die Tiefen unserer Herkunft. Dieses Sein in ein Bewusstsein zu verwandeln, nämlich in ein bewusstes Sein, das ist die Kultivierungsarbeit, die hier im Bild dargestellt ist, sowohl als Aufgabe wie als vollbrachte Leistung.

Botschaft: Konzentrieren und entspannen Sie sich: Alles hat seine Zeit, jedes Ding nimmt seinen eigenen Lauf, den man durch Einmischung und Hektik, aber auch durch Gleichgültigkeit oder Abwarten nicht ändern kann. Lassen Sie sich nicht ins Bockshorn jagen. Schützen Sie sich vor Überheblichkeit und vor Minderwertigkeitsgefühlen. Kokettieren Sie nicht mit persönlichen Besonderheiten. Jeder Mensch stellt in gewisser Weise ein Naturereignis dar. Kultivieren Sie, worauf Sie „Bock“ haben!

Körperliche Instinkte, praktische Bedürfnisse und sinnliche Qualitäten machen Ihr Talent aus. Kreativität und Fruchtbarkeit überwinden karge Öde: Halten Sie sich ans Einfache, Dringende und Spürbare.

Praxis: Nutzen Sie Ihre aktuellen Fragen, um den Wert Ihrer Talente neu zu verstehen und zu nutzen. Lassen Sie sich nicht ins Bockshorn jagen, wenn überraschende Schwierigkeiten auftauchen. Wege und Umwege begegnen Ihnen ebenso wie überraschende Abkürzungen und Hilfestellungen. Körperliche Instinkte, praktische Bedürfnisse und sinnliche Qualitäten machen ganz wesentlich Ihr Talent aus. Dies ist Ihre Wurzel und Ihr Gipfel.

- ✦ Beginnen Sie stets mit dem Einfachsten, dem Praktischsten und Spürbarsten.
- ✦ Begraben Sie sinnlose Tabus und installieren Sie sinnvolle Gewohnheiten und Einrichtungen.
- ✦ Fördern Sie auch unbekannte Talente zutage.
- ✦ Die Wüste zum Garten machen, heißt, das Leben zur Kunst zu erheben: Ihre Lebenskunst zählt und macht den Unterschied.

König der Münzen

Bild: Sie brauchen und Sie besitzen Souveränität im Umgang mit den „Münzen“, d. h. mit den Prägungen, die Sie erlebt und erlitten haben, sowie mit den Prägekräften, mit denen Sie selber Ihre Lebenswelt gestalten.

Die Weintrauben symbolisieren den Genuss des Lebens und zwar sowohl den sinnlichen wie auch den sinnhaften, den körperlichen und den geistigen Genuss! Nicht umsonst heißt es, „im Wein liegt Wahrheit“. Auf der ganz anderen Seite stehen die Weintrauben selbstverständlich mit der Symbolik des Weinbergs im Zusammenhang; und dieser verkörpert seit alten Zeiten einen Ort harter Arbeit.

Zugleich sind *Sie selbst* wie Wein und Weinberg! Das bedeutet, Ihre Person, Ihre ureigene Natur, kurzum, Ihr Talent, wie es durch „Münzen“ dargestellt wird, stellt für Sie einen besonderen Genuss, aber auch eine besondere Aufgabe dar.

Symbolgehalt: Der *König der Münzen* stellt die Tatsache der Körperlichkeit dar. Alle Ergebnisse, Probleme und Lösungen, die mit dieser Karte in Verbindung stehen können, zählen nur dann, wenn sie sich auch körperlich spüren und im positiven Falle körperlich genießen lassen.

Der Körper ist einerseits nur ein *Teil* des Menschen, so wie die Münzen nur eine von den vier Farbreihen sind und die Erde nur eines von den vier Elementen Feuer, Wasser, Luft und Erde ist. Auf der anderen Seite ist der Körper aber auch eine Zusammenfassung für den ganzen Menschen, ja, die Quintessenz dessen, wie der betreffende Mensch mit allen vier Elementen und mit allem, was zum Leben gehört, umgeht – kurz Inbegriff und Ausdruck des persönlichen Bewusst-Seins.

Botschaft: Ihre ureigene Natur stellt einen besonderen Genuss, aber auch den persönlichen *Acker des Lebens* dar. Sie selber sind wie Wein und Weinberg, wie Acker und Pflugstier. Lösen Sie Blockaden und Verhärtungen auf. Begreifen Sie den Wert Ihrer eigenen Talente.

Nutzen Sie Ihre aktuellen Fragen, um herauszufinden, was sich für Sie wirklich lohnt und was nicht. Genießen Sie Arbeit und Ertrag. Doch scheuen Sie nicht die Mühen, die mit jeder Arbeit verbunden sind, und auch nicht die großen Mühen, die zu einem großem Werk dazugehören

Praxis: Ihre Ergebnisse sind ein Spiegel Ihres Lebens. Es zeigt sich jetzt, dass gefühlsmäßige und gedankliche Klarheit letztlich nur so viel wert ist, wie Sie sie in Resultate umsetzen. Ebenso zeigt sich, dass Ihre Leistungen nur dann Befriedigung bringen, wenn Sie Ausdruck Ihrer selbst sind.

- ✦ Stehen Sie nicht wie der „Ochs’ vorm Berg“. Nutzen Sie Ihre Fragen, um herauszufinden, was sich für Sie wirklich lohnt und was nicht.
- ✦ Setzen Sie sich mit geltenden Bewertungsmaßnahmen auseinander und vertrauen Sie dem Wert der Erfahrung.
- ✦ Ziehen Sie die Summe aus allen verwertbaren Erfahrungen und bringen Sie Ihren eigenen Ball ins Spiel. So vermeiden Sie eine sinnlose Ochsentour, bei der Sie schließlich „auf dem Zahnfleisch gehen“.
- ✦ Aber scheuen Sie nicht die Mühen, die mit jeder Arbeit verbunden sind, und auch nicht die großen Mühen, die zu einem großem Werk dazugehören.

Ritter der Münzen

Bild: Viel Licht und Sonne sind in diesem Bild enthalten und viel schwarze Finsternis. Gerade wenn Licht und Finsternis in Ihren aktuellen Fragen recht krass aufeinander treffen, schlägt die Stunde der Wahrheit. Alter Mist soll erkannt und abgelegt werden, als Dünger auf dem Acker des Lebens.

Bisher unbekannte Möglichkeiten, die in Ihnen wie in jedem Menschen stecken – anfangs verborgen wie das Saatkorn im Acker –, wollen erkannt, gehegt und gepflegt werden.

Symbolgehalt: Hier geht es darum, auch extreme Widersprüche des Lebens anzunehmen, zu bewältigen und aufzuheben. Wie es nun mal für die *Mün-*

zen charakteristisch ist, geht es dabei weniger um Extreme des Seelenlebens, als die Extreme der praktischen Alltags- und Lebensaufgaben.

Bei dieser Karte geht es um den *Segen* der Notwendigkeiten. Es gibt etwas zu ernten, für das niemand so geeignet ist wie Sie! Fassen Sie Vertrauen in Ihre Fähigkeit, Probleme in Ordnung zu bringen, Wünsche zu erfüllen und Ängste zu beseitigen. Für Sie selbst und zusammen mit vielen Ihrer Mitmenschen.

Botschaft: Schaffen Sie eine angenehme Lebenssituation, in der Sie das verwirklichen, was Ihrer eigenen Natur, Ihrer Lebenseinstellung entspricht. Verzichten Sie auf unpassende Ideale, auf falsche Träume, die Ihnen nur Kraft entziehen würden.

Ihre Stärken, aber auch Ihre Aufgaben sind jetzt die Freuden des Alltags, ein persönlicher, „angemessener" Luxus. Damit ist nicht jener Protz- und Verschwendungsluxus gemeint, sondern ein Überfluss an Wohlbehagen, verwirklichten Ideen und befriedigten Wünschen. „Vieles war nicht nötig / und gerade das / wäre das Nötigste gewesen." (Edith Vahrenhorst)

Diese Kunst des Nötigsten erwächst aus Ihrem Verständnis für die Grenzen und die Einheit allen Lebens. „In der Beschränkung zeigt sich der Meister" (oder die Meisterin), und das gibt Ihnen eine Reife, die es Ihnen ermöglicht, sowohl loszulassen als auch zu ernten. Beenden Sie eine unangemessene Bescheidenheit. Geben Sie nicht zu schnell auf, sondern setzen Sie sich für das Notwendige mit ganzer Kraft ein.

Praxis: Was wäre nötiger in Ihrem Leben als das Glück Ihrer Person und Ihrer Mitmenschen? Wenn Sie sich darum kümmern, stehen Sie vor der Aufgabe, aber auch bereits am richtigen Ansatzpunkt, eine gewisse Ordnung in die Welt zu bringen. Dabei geht es weniger um äußere Perfektion, als vielmehr darum, dass Sie vorhandene Probleme zur richtigen Zeit ansprechen und lösen.

- ✦ Scheuen Sie sich nicht vor Auseinandersetzungen zur richtigen Zeit. Im Gegenteil, ein klares Wort im richtigen Augenblick befreit Sie und/oder andere von seelischen Belastungen.
- ✦ Vertrauen Sie auf den Lustgewinn, der aus solchen Problemlösungen resultiert, und darauf, dass dieser Lustgewinn eine enorme Überzeugungskraft entwickelt, die viele neue Lösungen nach sich zieht.
- ✦ Verzichten Sie auf alles, was nicht notwendig ist.
- ✦ Verzeihen Sie sich und/oder anderen, nicht perfekt zu sein. Den „perfekten" Menschen gibt es nicht.

Page/Bube der Münzen

Bild: Beachten Sie, dass die gelbe Münze vor dem gelben Himmel im Bild nur mit Mühe zu erkennen ist. Mit „spitzen Fingern“ fasst die Bildfigur die Münze an. Sicherlich drückt dies auf der einen Seite Unsicherheit oder Unentschlossenheit aus. Auf der anderen Seite liegt in dieser Geste aber auch eine besondere Vorsicht oder Behutsamkeit, mit der jetzt Sie – genauso wie die Bildfigur – bisher unbekannte Chancen in die Hand nehmen sollen.

Wie bei anderen Münzen-Karten auch, so ist es hier besonders wichtig zu beherzigen, dass „Talent“ etwas ist, das *zugleich* sehr alltäglich und doch sensationell ist. Talente sind die persönlichen Prägungen, die erlebten genauso wie die selbst vollbrachten. (Die zwei Seiten der Medaille: „Wie bin ich geprägt worden?“ Und: „Was möchte ich meinerseits prägen?“)

Talente sind daher nicht die rekordverdächtigen Einzelleistungen. Solche sind vielmehr nur verzerrte Beispiele dafür, dass in jedem Menschen, aufgrund seiner einzigartigen Erfahrungen, etwas Besonderes steckt. Dieses Besondere herauszufiltern ist nicht immer leicht, doch es ist möglich. Und es lohnt sich. Darum geht es auch in Ihren aktuellen Fragen.

Symbolgehalt: Ihr „Talent“ besteht in einer bestimmten Art, mit den Dingen des Lebens umzugehen. Es sorgt für ein positives Selbstwert-Gefühl, das sich in praktische Schritte und Resultate umsetzen lässt.

Es ist jetzt wichtig, dass Sie einen Zugang zu Ihren ureigenen Betroffenheiten und zu Ihren wahren Begabungen finden und behalten. Lassen Sie sich auch von Schwierigkeiten nicht entmutigen. Und vergessen Sie nicht, dass die wahre Schönheit und der wahre Wert oftmals zunächst im Verborgenen leben und dort abgeholt werden wollen.

Botschaft: Vertrauen Sie der Erfahrung, die in Ihnen schlummert, und bringen Sie sie zum Vorschein. Erwarten und fördern Sie das Gleiche auch bei Ihren Mitmenschen Mitmenschen. Ihre „Münze“ ist ein Geschenk des Lebens, sie spiegelt wider, dass Sie selbst ein Schatz für sich und Ihre Umgebung sind, wenn sie Ihr Talent schätzen und achten.

Das Ziehen dieser Karte ist ein guter Anlass, Ihre praktischen Fähigkeiten neu zu entdecken und neu zu bewerten. Im Unscheinbaren steckt auch das Un-Scheinbare, das Wesentliche und Typische, auf das es jetzt ankommt. Prüfen Sie Ihre Ergebnisse und Ziele. Wenn Sie Wesentliches und Unwichtiges neu definieren, so heben Sie Ihre Münze empor, das Gold, das zuvor auf der Straße lag.

Praxis: Prüfen Sie Ihre Werte und Wertschätzungen. Befreien Sie sich von fruchtlosen Idealen und brotlosen Ideen genauso wie von sinnlosen Besitztümern und leblosen Werten.

- ✦ Stellen Sie sich auf *neue* praktische Möglichkeiten ein und nutzen Sie sie.
- ✦ Erproben Sie neue Fähigkeiten und Fertigkeiten!
- ✦ Machen Sie sich darauf gefasst, dass Sie an sich und/oder an Ihren Mitmenschen ganz neue Seiten entdecken – schwierige, aber auch interessante und schöne!
- ✦ Halten Sie Ihren inneren Reichtum nicht versteckt. Seien Sie großzügig und bringen Sie Ihre Talente zur Geltung.

As der Münzen

Bild: Kraft und Bedeutung der Materie. Diese Karte steht für die in sich ruhende, bewegte und bewegende Energie der Erde. Das *As der Münzen* ist eine runde Sache, in sich unendlich wie der Kreis oder die Materie selbst. Die Karte verweist auf Ihre Erdverbundenheit sowie auf die Blüten und Früchte, die Sie in Ihrem Leben ernten und genießen können.

Symbolgehalt: Nehmen Sie Ihr Talent in die Hand, begreifen Sie Ihre Begabung. Tragen Sie zur Entwicklung des menschlichen Bewusstseins bei.

Eine Besonderheit der Waite-Tarotkarten ist das Pentagramm, auch Drudenfuß genannt, der Fünfstern in den Münzen. Dieses Symbol ist wesentlich älter als die Tarot-Karten und besitzt zahlreiche Bedeutungen. Hier symbolisiert das Pentagramm unter anderem die Verbindung der vier Elemente Feuer, Wasser, Luft und Erde plus ihre Zuspitzung in einer fünften Kraft, der *Quintessenz*.

Das Pentagramm in der Münze ist außerdem eine Chiffre (ein kurzgefasstes oder abstraktes Zeichen) des Menschen. Die Materie, so wird daran deutlich, trägt das Abbild von Menschen. Bestimmte Personen haben sie bisher geprägt – es liegt nun an uns, an Ihnen, neue Gestaltungen zu schaffen.

Es geht bei den „Münzen“ mithin nicht nur um Geld, Beruf, Lebensqualität, sondern speziell um solche materiellen und finanziellen Verältnisse, in denen Sie *Ihr* Ebenbild erkennen – in denen Sie sich selbst bestätigen und verewigen können!

Botschaft: „Wir haben die Erde von unseren Eltern geerbt und von unseren Kindern nur geliehen.“ Setzen wir sie nicht aufs Spiel. Jeder von uns als Einzelwesen ist endlich. Die Materie insgesamt aber, der Kosmos, ist unendlich. Wenn wir beides miteinander verbinden, die Unendlichkeit der Welt und die Bedingtheit der eigenen Person, können wir unser eigenes Dasein buchstäblich zur Einmaligkeit erheben. So oder so gilt: Wie Sie Ihre Welt gestalten, das schafft Fakten, die haften bleiben. Die Spuren Ihres Lebens graben sich in die Materie ein und wirken fort. Nichts ist folgenlos und nichts geht verloren.

Sorgen Sie dafür, dass sich in den Münzen, den materiellen Verhältnissen Ihres Alltags, all die Bedürfnisse und Beschwernisse, die Ihnen am Herzen liegen – also alles, was Ihnen lieb und teuer ist – wiederfinden können.

Praxis: Im *As der Münzen* sind die Kräfte des Elementes Erde zusammengefasst. Betrachten Sie es als ein Geschenk des Lebens, dass Ihnen Ihr persönliches Talent hier wieder neu überreicht wird.

- ✦ Nehmen Sie Ihr Talent in die Hand, begreifen Sie Ihr Gewicht und Ihre Bedeutung auf dieser Erde.
- ✦ Finden Sie Ihren Platz in der Welt, an dem Sie Ihre persönliche Natur verwirklichen können.
- ✦ Setzen Sie sich mit den beiden Seiten der Medaille auseinander. Tragen Sie zur Entwicklung des menschlichen Bewusstseins bei.
- ✦ Nicht theoretisches Wissen, aber ein gelebtes Bewusstsein, das Natur und Geist in sich aufnimmt, stellt den größten Reichtum dar, den Sie immer schon besessen haben und jemals werden besitzen können.

Münzen II

Bild: Auch die andere Seite ist zu bearbeiten, beide Seiten der Medaille sind zu begreifen! Ein Bewusstseins-Wandel: Ihre Chance und Ihre Aufgabe bestehen nun darin, sich aus der Abhängigkeit von angeblichen Sachzwängen zu befreien. Es gibt Alternativen! Was jetzt zählt, sind Sie und Ihre Fähigkeit, die vorhandenen Widersprüche zu meistern – indem Sie sie nutzen. Sämtliche Energien, mit denen sie konfrontiert wird, versucht die Bildfigur zu nutzen – wie die Segelschiffe im Bild, welche die wechselnden Ströme des Wassers und der Luft aufgreifen und gebrauchen, um die gewünschten Ziele zu erreichen.

Es ist Ihre Art der Wahrnehmung, Ihre Auffassung, die einen Zusammenhang erfasst und fruchtbar macht. Es ist Ihr Talent, jetzt die verschiedenen Dinge zu trennen und zusammenzubringen. Packen Sie es an!

Symbolgehalt: Wenn Sie diese Karte ziehen, dürfen Sie für Ihre aktuellen Fragen damit rechnen, dass zusätzlich zu allem Bekannten ein neuer Erfahrungsbereich hinzutritt. Gewöhnen Sie sich langsam an diese neue Erfahrungswelt und leben Sie sich behutsam darin ein.

Wechsel und Wandel gehören jedem Moment des Lebens an. In Ihrer jetzigen Lebensphase aber ist die Chance enthalten, dass Sie eine bekannte Person oder Angelegenheit von einer anderen Seite kennen lernen, sodass sich ein neues, komplettes Bild ergibt. Die wahren Talente bestehen darin, die universellen Möglichkeiten eines jeden Menschen mit den konkreten, bestimmten und begrenzten Möglichkeiten des persönlichen Lebens so in Einklang zu bringen, dass diese verschiedenen Welten sich befruchten. So geht es bei dieser Karte darum, persönliche Werte zu erleben und neu zu definieren, Stärken und Schwächen in sinnvolle Ergebnisse umzumünzen.

Botschaft: Rechnen Sie mit einigen Verunsicherungen, wenn Ihre vertrauten Wahrnehmungen oder Ihre gewohnten Erwartungen um neue Aspekte und andere Perspektiven erweitert werden. Auch kann es geschehen, dass Ihnen jetzt „der Kamm schwillt“. Doch es ist wie auf einer *Achterbahn:* Am Anfang ist es sehr ungewohnt – je länger Sie sich aber mit bestimmten Widersprüchen oder neuen Erfahrungsbereichen vertraut gemacht haben, umso mehr kommen Sie in ruhigeres Fahrwasser (ohne dass die Sache selbst weniger spannend wird).

Dies kann mit einer Zeit des Chaos verbunden sein und Ihr geistiges Bewusstsein kommt vielleicht an seine Grenze. Und doch sind diese Vorgänge für die Entfaltung Ihrer Persönlichkeit ein Segen. Die grundsätzlichen Unterscheidungen und Verbindungen sind gelungen und wertvoll.

Praxis:

- ✦ Erkennen Sie Ihren Anteil an der jetzigen Veränderung.
- ✦ Sagen Sie statt „Alles ist Zufall“ oder „Es gibt keinen Zufall“ lieber: „Ich sehe einen Zusammenhang!“
- ✦ Es gibt viele Dinge, die jetzt neu zu ordnen sind, und viele Gedanken, die neu zu denken sind.
- ✦ Die Gedanken werden Sie nur begreifen, wenn Sie Ihr Leben ändern. Und die Änderungen werden Ihnen gelingen, wenn Sie verstehen, was Ihre Gedanken bedeuten.

Münzen III

Bild: Im Bild erkennen wir einen Steinmetz, der – auf einer Bank etwas erhöht – mit dem Meißel bei der Arbeit ist. Mönch und Narr oder Mönch und Nonne stehen dabei.

Verschiedene Bedeutungen von Arbeit, Beruf und Berufung sind hier Thema: Die Tätigkeit am Material, die Umgestaltung der Erde, die Arbeit an sich selbst, die Freisetzung des eigenen Wesens, das Zu-Tage-Fördern. Ferner die Arbeit mit und an den anderen. Dann die Fragen: Wozu leistet die eigene Arbeit einen Beitrag? Wem nutzt sie? Was baut sich auf dem Gewölbe, das hier zu sehen ist, auf?

Symbolgehalt: In uns allen schlummern unbekannte Talente. Zeigen Sie jetzt, was in Ihnen steckt. Und lassen Sie sich überraschen, was Sie und andere vorzubringen haben.

Dem großen Michelangelo wird die Bemerkung zugeschrieben, der Bildhauer bringe nichts in den Stein hinein, vielmehr befreie er die im Stein eingeschlossene Gestalt „nur" von ihrem Ballast. Werfen Sie ebenso Ballast ab! Zeigen Sie, was aus Ihrer Sache herauszuholen ist!

Vordergründig geht es um Berufsarbeit. Dahinter steht die Frage der Bewusstseinsentwicklung und der Berufung. Jeder Mensch trifft in seinem Leben auf besondere Herausforderungen: Anforderungen, deren Bewältigung nur gelingt, wenn auch verborgene Talente geweckt und innere Anlagen freigelegt werden. Finden Sie Ihre Aufgaben in der Welt, bei denen Sie Ihre Talente einsetzen, vermehren und verbessern können.

Botschaft: Sie haben das Zeug zu Spitzenleistungen. Bringen Sie Ihre Talente auf den Gipfel! Wenn Sie Tradition und Geschichte, Familiensinn und Gewohnheiten schätzen, richten Sie sich gleichsam auf einem Berg ein: Sie stehen auf den Schultern Ihrer Vorfahren und finden sich vereint mit vielen Menschen neben Ihnen.

Wer von Traditionen und Konventionen absieht, betont sein eigenes Licht, seinen persönlichen Wert und seine Einzigartigkeit. Aber solange er oder sie alleine steht, bleibt es ein nicht sehr weit strahlendes Licht, gleichgültig, wie hell es als solches auch brennen mag.

Die glückliche Lösung besteht in der Verbindung beider Komponenten, von Tradition und Individualität. Wenn Sie Ihr Licht aus der Tiefe auf den Berg des Bestehenden hinauftragen, dann leuchtet Ihr Licht in weiter Runde, Sie besitzen große Ausstrahlung und hervorragende Aussichten.

Praxis: Hinter den Fragen des Berufs steht hier das Thema Berufung. Jeder Mensch besitzt Lebensaufgaben. Das sind Aufgaben, die so groß sind, dass eine Lebensspanne zu ihrer Bewältigung gebraucht wird.

- ✦ Finden Sie Ihre Aufgaben in der Welt, bei denen Sie Ihre Talente einsetzen, vermehren und verbessern können.
- ✦ Lassen Sie sich nicht hinters Licht führen, und fürchten Sie sich nicht vor Auseinandersetzungen mit dunklen oder unbekannten Sachverhalten.
- ✦ Konzentrieren Sie sich, kommen Sie aus sich heraus und kommen Sie auf den Punkt.
- ✦ Schaffen Sie neue Formen und bleibende Werte für das, was viele Menschen brauchen.

Münzen IV

Bild: Es gibt bestimmte Talente, die Sie persönlich auszeichnen, mit denen Sie fest auf der Erde verwurzelt sind und die Ihr Dasein krönen. Diese Karte steht für die besondere Chance, dass Sie Ihre Talente neu begreifen und in Besitz nehmen.

Hier geht es nicht einfach um Beruf, Leben, Unterhalt, Besitztum oder Macht. Sondern vielmehr um Werte, in denen Sie Ihre Persönlichkeit, Ihre Ideen und Ideale materialisieren. Bauen Sie um und verwerfen Sie, was nicht zu Ihnen passt. Schaffen Sie neue Werte, neue Formen, neue Begriffe und neue Verhältnisse.

Sobald die Bildfigur von der obersten, vierten Münze gekrönt wird (wenn man diese Münze zur Bildfigur hinzuzählt), besitzt sie übrigens ihre volle Größe – nicht kleiner, keineswegs geduckter als Bildfiguren auf anderen Karten in diesem Deck!

Symbolgehalt: Alle Tätigkeiten und Bestrebungen, die Sie gleichsam nach *unten* und nach *oben* wachsen lassen, die Ihr Dasein also zugleich vertiefen und erhöhen, stellen Auswirkungen und Hinweise auf Ihre besonderen Begabungen dar. Wenn Sie Ihre Talente suchen, neu definieren oder genauer verstehen möchten, so hilft Ihnen all das weiter, was Sie das Leben intensiver, dichter und wirkungsvoller erfahren lässt.

Machen Sie Ihre Unterschiede. Lassen Sie *Ihre* Lebensart deutlich werden. Klären Sie Ihre Mitmenschen über den Wert Ihrer Vorstellungen auf. Doch kehren Sie den anderen nicht den Rücken! Sie sollen nicht in der Masse untergehen. Doch nur, wenn Ihre Werte und Talente sich für viele rentieren, verwirklicht sich der Wert Ihrer spezifischen Begabungen. Im Ergebnis finden Sie Ihren Platz in der Welt, an dem für Sie die Sonne scheint!

Botschaft: Sie finden heraus, über welche persönlichen Talente Sie verfügen, die für andere nützlich sind und die zugleich die Besonderheit oder die Einzigartigkeit Ihrer Person verdeutlichen! Das herauszufiltern, ist ein langer Weg. Die Schwierigkeit besteht darin, auf der einen Seite jeglichen Eigensinn aufzugeben und auf der anderen Seite dennoch an der eigenen Besonderheit festzuhalten.

Doch die Mühe lohnt sich. Die Talente, die für andere nützlich und wertvoll sind, zahlen sich für Sie in nennenswertem Umfang aus. Indem sie zugleich Ihre Einzigartigkeit bestätigen, leisten Sie Ihnen einen unvergleichlichen Beitrag!

Praxis: Geben Sie auch anderen den Schlüssel zu Ihrer persönlichen Welt. Betonen Sie den Unterschied und die Besonderheit Ihrer Lage. Doch verschanzen Sie sich nicht.

- ✦ Lassen Sie andere an Ihren Auffassungen teilhaben und von Ihren Talenten profitieren.
- ✦ Schützen und hüten Sie sich vor Angeberei und vor Duckmäusertum!
- ✦ Vervollständigen Sie den Rahmen und die Werte, die Sie Ihrem Leben geben möchten.
- ✦ Sorgen Sie für Verhältnisse, worin sich der Wert Ihrer Talente, Ihrer persönlichen Stärken und Schwächen auszahlt und Ihr Dasein krönt!

Münzen V

Bild: Zwei arme Gestalten irren durch Kälte und Not. Sie verkörpern ungesunden Stress und Zerrissenheit, Heimatlosigkeit, möglicherweise Ziellosigkeit und Bodenlosigkeit. Damit greift das Bild Alltagserfahrungen auf, in denen wir uns wie in einem *Labyrinth* gefangen fühlen.

Diese Karte ist aber kein zwingender Hinweis darauf, dass neue Nöte in Ihr Leben treten. Das Thema der vorliegenden Karte ist die Auseinandersetzung mit *bestehenden* Notlagen und Schwierigkeiten.

Damit Sie sich in dieser Welt wohl fühlen, einen eigenen Standpunkt sowie Ihren „Platz an der Sonne" finden (was im Bild in Gestalt des erleuchteten Fensters enthalten ist), ist es im wahrsten Sinne des Wortes notwendig, ein realistisches Verhältnis zu den bestehenden Nöten und Schwierigkeiten des Daseins zu gewinnen. Auf der einen Seite gibt es *viel zu viel vermeidbares Leid* in der Welt und auch in Ihrem Leben. Diese Notsituationen sollten Sie sich eingestehen und nicht länger verdrängen.

Auf der anderen Seite gibt es aber auch unvermeidliche Notsituationen. Denn schließlich sind Not und Leid ein Teil der Existenz und kein „Betriebsunfall“. Hier erweist sich das Glück der Freundschaft und der Segen der Zusammenarbeit.

Symbolgehalt: So lässt sich die Karte u. a. mit der bekannten Legende vom Blinden und vom Lahmen deuten. Der Blinde und der Lahme machen sich zusammen auf den Weg. Der Blinde stützt den Lahmen und der Lahme führt den Blinden. Indem sie ihre Nöte teilen, werden sie aus der Hilflosigkeit ihrer jeweiligen Lage erlöst.

Nöte aufzuheben, bedeutet aber, sie zunächst einmal anzuerkennen. Das ist das *Notwendige,* das die Not wendet. Darin liegt die Quintessenz des Erdelementes, die durch die *fünf* Münzen angesprochen wird.

Außerdem wird die Karte auch die Yoga-Karte genannt. Yoga (Joga) heißt wörtlich *Joch* oder Anspannung. Hier geht es darum, sich ins Joch zu spannen. Nicht um Abhängigkeiten zu akzeptieren, sondern um Notwendigkeiten zu erfüllen und Talente zu nutzen.

Botschaft: Nicht im luftleeren Raum verwirklichen sich Ihre Talente, sondern da, wo sie von anderen wirklich gebraucht und geschätzt werden!

Falls Sie sich wie „draußen vor der Tür“, wie in einem Albtraum oder Labyrinth fühlen, so wird hier als Ursache deutlich, dass Sie Ihre Talente entweder absolut überschätzen oder regelrecht verkümmern lassen,

Praxis: Übernehmen Sie Mitverantwortung. Doch lassen Sie sich nicht in unproduktive Abhängigkeiten oder quälende Verpflichtungen treiben.

- ✦ Brechen Sie mit unbegründeten Anforderungen und mit fruchtlosen Verpflichtungen.
- ✦ Lassen Sie sich nicht durch ein kollektives Gefühl oder durch Teamgeist gefangen nehmen, wenn Sie sich nur teilweise darin wiederfinden können. Vertrauen Sie auf das Glück der Freundschaft.
- ✦ Tragen Sie dazu bei, unnötiges Leid zu beenden.
- ✦ Es kommt auf Sie an. Helfen Sie, die Welt menschlicher, wohnlicher und komfortabler zu machen. Sie werden gebraucht. Sie haben die Wahl, diese Notwendigkeiten anzunehmen.

Münzen VI

Bild: Äußern Sie Ihre Bedürfnisse und haben Sie ein offenes Ohr für die Bedürfnisse anderer. Liebe und Selbstachtung blühen dadurch. Und ganz praktisch werden Sie davon profitieren, wenn Sie verstehen, dass Ihre Bedürfnisse wie Ihre Talente ein Vermögen darstellen.

Wenn Geben und Nehmen sich die Waage halten, dann passiert auf den ersten Blick nichts Wesentliches. Die Waagschale neigt sich nicht, weil der Austausch ohne spürbares Gewicht bleibt. Oder die Waage bleibt im Lot, weil alle Beteiligten Seiten *dazugewinnen!* Wenn Sie mit Ihren Talenten Bedürfnisse erfüllen und mit Ihren Bedürfnissen Talente wecken und fördern, entsteht jedesmal ein Zugewinn. Dieser „Mehrwert“ bedeutet, dass immer mehr wichtige Bedürfnisse befriedigt werden können.

Symbolgehalt: Dieses Bild ist anspruchsvoller und eindringlicher, als es oftmals auf den ersten Blick den Anschein hat. Nicht eine Situation der Barmherzigkeit, des karitativen Gebens und Nehmens wird hier gezeigt. Vielmehr geht es um produktive Bedürfnisse. Dieses Thema betrifft sowohl die privaten wie auch beruflichen und geschäftlichen Belange.

Botschaft: „Nichts ist innen, nichts ist außen, denn was drinnen ist, ist draußen“, so heißt es bei Goethe.

Ob Sie (bei sich und bei anderen) Stärken und Schwächen annehmen können, ist nur ein anderer Ausdruck dafür, ob es Ihnen gelingt, Ihr Innerstes nach außen zu bringen, also zu veräußern, und äußere Ereignisse innerlich an sich heranzulassen!

Achten Sie darauf, nicht den Mangel zu verwalten, sondern einen Gewinn zu erzielen. Dieser Stoffwechsel, diese Produktivität ist der Schlüssel für Ihre aktuellen Fragen. Der Wert des Eigenen ist am größten, wenn möglichst viele davon profitieren. In diesem Sinne besitzen Sie nur, was Sie weggeben. Entwickeln Sie Einklang und Zusammenhang zwischen Ihnen und der Welt, zwischen inneren Bedürfnissen und äußeren Ergebnissen.

Neue Wege zur Verwirklichung der eigenen und zum Verständnis fremder Bedürfnisse stehen für Sie auf der Tagesordnung. Zunächst geht es darum, produktive von unproduktiven Bedürfnissen zu unterscheiden: Produktive Bedürfnisse schaffen neue Werte.

Praxis: Jeder Mensch trägt bestimmte Wünsche in sich, die zu wesentlich sind, als dass sie einfach untergehen dürften. Und jede/r besitzt gewisse Ängste, die zu dringend sind, als dass er oder sie sie ewig mit sich schleppen sollte. Diese Bedürfnisse für sich selbst und für möglichst viele Ihrer Mitmenschen zu erkennen und zu erfüllen, ist nun Ihre Aufgabe und der Garant Ihres Erfolges.

- ✦ Welche Bedürfnisse und Wünsche können jetzt erfüllt werden und welche nicht?
- ✦ Welche Nöte und Ängste können nun beseitigt werden und welche nicht?
- ✦ Finden Sie heraus, wessen Sie im Innersten bedürfen – und was andere in ihrem Inneren bewegt.
- ✦ Äußern Sie Ihre Bedürfnisse und Talente, ermutigen Sie andere bei ihrer Selbstfindung und Selbstverwirklichung.

Münzen VII

Bild: Es gibt bestimmte Lebensrätsel und Aufgaben, deren Lösung bzw. Bedeutung Sie in dem Moment finden, in dem auch Sie *Ihre* Bedeutung, Ihren Sinn, Ihre Lebensaufgabe entziffern. Jede gelöste Aufgabe zeigt Ihnen, dass Sie auf dem richtigen Weg sind, und auch ein Fehlschlag ist wertvoll, wenn er Ihnen klarmacht, worin Ihre Aufgabe *nicht* besteht.

Sie stehen vor den Ergebnissen Ihres bisherigen Tuns und erkennen neue Aufgaben. Wichtig ist dabei, dass Sie die Handschrift aller Beteiligten, nämlich das Pentagramm in den Münzen wiedererkennen. Es gibt keine Sachfragen, die nicht zugleich auch persönliche Fragen wären.

Die unterschiedlich gefärbten Schuhe oder Stiefel der Bildfigur machen deutlich, dass es hier um unterschiedliche Standpunkte geht. Wie andere Menschen einen bestimmten Sachverhalt betrachten, ist die eine Seite. Wie Sie dieselbe Sache sehen, möglicherweise eine ganz andere. Ein *geeigneter Maßstab* verbindet beide Standpunkte und hebt sie in sich auf.

Symbolgehalt: Die *Münzen* innerhalb des Tarot stellen nach allgemeiner Auffassung ein Stück Materie dar. Ergebnis und Ausgangsmaterial, Produkte und Produktivkräfte symbolisieren sich in den Münzen. Nun sind aber auch die Tarot-Karten ein Stückchen Materie und nichts anderes als das, was die Münzen darstellen.

Bei den Tarot-Karten sind wir es gewöhnt oder lernen es, diese als Spiegel, Spiel und Wegweiser zu verstehen. Dasselbe gilt dann aber unmittelbar für die Münzen in ihrer allgemeinen Bedeutung. Auch jeder Sachverhalt, jedes Faktum, alle Daten erzählen eine Geschichte und besitzen eine Symbolik, die studiert und gedeutet werden muss. Hier heißt es, Spuren zu suchen und Zeichen zu deuten.

Die Tarot-Deutung ist ein Beispiel und ein Training für den Symbolgehalt vorhandener Fakten und alltäglicher Sachverhalte. Alles, was Sie erleben, muss nicht, kann aber eine *symbolische Bedeutung* besitzen. Diese Karte fordert Sie auf, auf solche Zusammenhänge zu achten.

Botschaft: Alle sachlichen Probleme sind auch ein Spiegel Ihrer persönlichen Entwicklung. Und umgekehrt: Alle psychischen und persönlichen Probleme sind nicht nur, aber auch ein Ausdruck praktischer Nöte und sachlicher Schwierigkeiten. Es ist jetzt wichtig, dass Sie die richtigen Unterschiede machen: Dass Sie persönliche Wünsche auch als solche benennen und dass Sie neue praktische Antworten für bestehende Sachfragen finden. Dazu ist es notwendig, sehr aufmerksam die Dinge zu mustern, die vor Ihnen liegen. Auch in altvertrauten Zusammenhängen werden Sie jetzt neue Spuren und Hinweise von persönlicher Bedeutung entdecken.

Praxis:

- ✦ Bleiben Sie offen für Wandel und Weiterentwicklung in Ihren Werten und Beurteilungen.
- ✦ Finden Sie heraus, wem Ihre Arbeit, Ihre Ansichten, Ihr Tun sowie Ihr Nicht-Tun nutzen – und wem Sie nutzen möchten!
- ✦ Zeigen Sie Verständnis für andere Wertmaßstäbe.
- ✦ Vertreten Sie deutlich den Unterschied und den Wert Ihrer ureigenen Betrachtungsweise.

Münzen VIII

Bild: Ergebnisse schaffen, die größer sind als Sie selbst! Jede Sachaufgabe, die Sie bewältigen, ist auch ein Spiegel der Arbeit an Ihnen selbst. Je deutlicher Sie Ihre Begabungen und Begrenzungen herausarbeiten, umso mehr werden Sie zum Meister oder zur Meisterin in eigener Sache.

In der Vervielfältigung des persönlichen Talents liegt Ihre Meisterschaft. Arbeiten Sie Ihre Natur, Ihre Logik und Ihre Selbstverständlichkeiten deutlich heraus. Begraben Sie Ihren Eigensinn, auf dass der „Sinn des Eigenen" erblüht und sinnlose Eigenheiten absterben! Sorgen Sie für Ergebnisse, die Ihre Handschrift tragen.

Symbolgehalt: Jeder Mensch sieht sich vor bestimmte Aufgaben gestellt und bringt bestimmte Begabungen mit, um diese Welt ein Stück menschlicher und angenehmer zu gestalten. Diese Begabungen und Aufgaben stellen Ihr Talent dar, auf das Sie sich jetzt konzentrieren sollen.

Suchen Sie die praktischen Notwendigkeiten, für die sich Ihre Fähigkeiten als besonders nützlich erweisen können. In diesem Sinne ist dies die Karte der Meisterschaft.

Finden Sie Ihr Metier und schaffen Sie sich Ihren Rahmen, in dem Sie Ihre Talente voll entwickeln und einsetzen können. Betonen Sie den Unterschied zwischen Ihrem Standort und dem der anderen.

Doch es muss auch einen Weg, eine Brücke zwischen Ihnen und der Allgemeinheit geben, denn nur im Wechselspiel zwischen Ihren privaten Vorlieben und Bedürfnissen einerseits und den Vorstellungen und Bedürfnissen der Allgemeinheit andererseits zahlt sich der Wert Ihrer „Münze“ aus.

Botschaft: Jeder Mensch hat ein Bedürfnis nach Sinn- und Erfolgserlebnissen und jede/r bringt auch die Fähigkeit zu Sinn und Erfolg mit. Lassen Sie sich nicht für fremde Zwecke verschleißen! Widersetzen Sie sich einem fruchtlosen Gehorsam oder einer sinnlosen Routine.

Achtsamkeit ist das Gebot der Stunde. Gehen Sie aufmerksam mit dem um, was Sie in Händen halten. Schaffen Sie Stück für Stück eine Situation von gesundem Luxus: Ein Überfluss an Wohlbehagen, verwirklichten Ideen und befriedigten Wünschen.

Praxis: Begraben Sie falschen Stolz und verteidigen Sie Ihr Selbstbewusstsein. Stellen Sie also Ihr Licht nicht unter den Scheffel und ermuntern Sie Ihre Mitmenschen auf deren Wegen.

- ✦ Lassen Sie sich nicht für unproduktive Zwecke verschleißen.
- ✦ Widersetzen Sie sich einem fruchtlosem Gehorsam oder einer sinnlosen Routine.
- ✦ Finden Sie heraus, welche Aufgaben jetzt für Sie von besonderer Bedeutung sind. Und in welchen Angelegenheiten Sie Ihre Begabungen besonders entfalten können.
- ✦ Entspannen Sie sich und meditieren Sie! In Ihren aktuellen Fragen kommen Sie schneller voran, wenn Sie „den Fuß vom Gas“ nehmen.

Münzen IX

Bild: Versteckte Talente oder reich vermehrte Talente? Die kleine Schnecke vorne im Bild ist ein doppeldeutiges Symbol, das zugleich für den Inhalt des ganzen Bildes typisch ist. Die Schnecke warnt vor Schwerfälligkeit aus falscher Selbstbeschränkung und unpassender Empfindsamkeit. Möglicherweise ziehen Sie sich zu schnell in Ihr „Schneckenhaus“ zurück. Darauf deutet auch die menschliche Figur hin, die ihre tatsächliche Pracht hinter einer hohen Hecke versteckt hält.

Auf der anderen Seite ist die Schnecke aber auch ein Symbol dafür, dass Sie stets Ihr Haus bei sich tragen und überall in sich zu Hause sind. Ihre wirklichen Talente sind all Ihre Prägungen zusammen, Ihre Stärken genauso wie Ihre Schwächen. Wenn Sie diese Talente annehmen und fruchtbar machen, dann fehlt Ihnen nichts, Sie muten sich nicht mehr zu, als Ihnen gut tut, und Sie sind tatsächlich stets in sich selbst zu Hause!

Symbolgehalt: Die Weintrauben sind Zeichen der Ernte und des Genusses, aber auch Symbole der harten Arbeit im Weinberg. Auch hier steht wieder der Teil für das Ganze: Sie selber gleichen dem Weinberg. Erst, indem Sie an sich arbeiten, kristallisieren sich Ihre Talente heraus und alles, was Sie tun, bekommt auch einen persönlichen Wert, ein eigenes Gepräge. „Wer meint, alle Früchte würden mit den Erdbeeren reif, versteht nichts von den Trauben." (Paracelsus)

Wenn Sie sich aber mit Stärken und Schwächen ernst nehmen, dann zeigen Sie, ja, dann kultivieren Sie den Wert und den Sinn Ihrer unverwechselbaren persönlichen Eigenart. Sie bleiben sich selber auf der Spur und das verleiht allem, was Sie tun und erleben, eine besondere, eine festliche Note. Gehen Sie Ihren Weg, verwirklichen und genießen Sie Ihre Aufgaben und Talente in vollen Zügen.

Botschaft: Je mehr Talente und Bedürfnisse von vielen Beteiligten gleichzeitig zur Geltung kommen, umso größer ist die Liebe und umso größer ist auch der insgesamt erzielte Gewinn! Jeder materielle Zugewinn, der nicht dazu beiträgt, Bedürfnisse zu erfüllen und Talente zu fördern, ist im Endeffekt unbedeutend.

Wenn Sie sich selbst und Ihren Mitmenschen in Achtung und Liebe begegnen, dann entsteht ein Plus, ein größeres Ganzes, in dem viele Menschen mit Stärken und Schwächen, mit Vorzügen und Nachteilen aufgehoben sind. Einen größeren Gewinn können Sie gar nicht erzielen und mit einem geringeren sollten Sie sich auch nicht zufrieden geben!

Praxis: Warten Sie nicht auf bessere Zeiten! Lieben Sie das Leben, so wie eine gute Gärtnerin den Garten hegt, wie ein tüchtiger Hausverwalter eine Liegenschaft pflegt!

- ✦ Diese Karte fordert besonderen Mut: Nehmen Sie sich vieler Menschen und vieler Begebenheiten tagtäglich in Liebe an.
- ✦ Riskieren Sie etwas weniger Exklusivität in der Liebe.
- ✦ Jetzt ist auch eine gute Zeit, neue Freunde zu gewinnen und mit alten Bekannten neue Freuden zu erleben.
- ✦ Wo zwei oder mehr Menschen in Liebe zusammenwirken, da offenbart sich etwas „Göttliches" inmitten des Alltäglichen. Sind Sie dafür bereit?!

Münzen X

Bild: Optimale Ergebnisse, blühende Talente, großer Reichtum. Der größte Reichtum besteht darin, den eigenen Anteil am Weltgeschehen zu erkennen und auszufüllen. Das Einmalige, Individuelle verwandelt sich dann vom vorübergehenden Einzelfall zum bewussten Anteil an der Ewigkeit! Bewusst leben heißt zu wissen, was die Stunde geschlagen hat.

Die Fülle Ihrer Talente realisieren Sie, wenn Sie die Aufgaben und die Lösungen finden, für die Sie gleichsam bestimmt sind – bei denen Sie erfahren, dass Sie dafür besonders geeignet sind und dass diese Aufgaben auf Sie geradezu gewartet haben.

Symbolgehalt: Unser Glück hängt unter anderem davon ab, dass wir unser Leben vor einem großen und weiten Horizont erfahren und einordnen können. Viele Aspekte des Lebens sind in diesem Bild enthalten: Kindheit, Erwachsenen- und Greisenalter; Mensch und Tier; Stadt und Land; Kultur und Natur usw. All diese Aspekte zeigen uns die Vielfalt des Seins, die es uns erlaubt, in allem, was lebt, auch uns selber wiederzuerkennen.

Es ist ein Glück, sich aus größeren Zusammenhängen zu lösen. Weisen Sie „Sippenhaft“, Familienbande und sonstige Gruppenzugehörigkeiten zurück, wenn diese nicht (mehr) für Sie stimmen.

Ebenso trägt es besonders zum Glück bei, wenn Sie aus eigenem Ermessen und freiem Antrieb anderen Menschen Anteilnahme und Aufmerksamkeit schenken – Wahlverwandtschaften!

Botschaft: Der größte Reichtum besteht in der Individualität, in dem unteilbar Eigenen, das jedes Menschenleben von allem anderen unterscheidet, aber auch mit allem anderen verbindet!

Dabei ist Individualität nicht im Alleingang möglich. Man muss durch viele Menschen durchgegangen sein, um zu seinem wahren Ich zu finden, heißt es in einem bekannten Wort von Friedrich Nietzsche.

Wenn es Probleme gibt, die durch diese Karte angezeigt werden, dann bestehen diese darin, dass die Individualität entweder zu schwach ausgebildet ist oder aber überfrachtet wird. Einsamkeit oder das Gefühl, in der Masse unterzugehen oder zu wenig Beachtung zu finden, deuten auf einen Mangel an Individualität hin. Man lebt dann nicht so, wie man ist.

Bemerkenswert ist dabei, dass dieses Stückchen Individualität auch durch noch so viel Liebe nicht ersetzt oder ausgeglichen werden kann.

Praxis: Wenn Sie die Brücke zum anderen, zum Fremden finden, verschwindet die Einsamkeit, dieser Schatten einer fehlenden Individualität, genauso wie die Gefahr, in der Masse unterzugehen. Nutzen Sie den Zauberstab der Individualität und tragen Sie zu einem Zusammenleben bei, in dem jede und jeder den eigenen Weg mit viel Freude verwirklichen kann.

- ✦ Folgen Sie Ihrem Stern und erkennen Sie Ihre momentane Chance.
- ✦ Verstehen Sie, was andere Ihnen durch die Ergebnisse, die sie produzieren, mitteilen wollen.
- ✦ Verstehen Sie, auf welchen Beitrag von Ihnen Ihre Umwelt jetzt wartet.
- ✦ Vertrauen Sie auf die Kraft Ihrer Individualität, die Sie als solche mit allen Menschen gemeinsam haben, die Sie aber dem Inhalt nach auch von allen anderen unterscheidet.

Literatur

Anja Adam und Johannes Fiebig:
Tarot – leicht erklärt.
O. O. 1999 (Gondrom)

Renate Anraths:
Tarot – DemLeben in die Karten schauen.
Berlin 1995 (Simon + Leutner)

Hajo Banzhaff:
Das Arbeitsbuch zum Tarot.
München 1999 (Kailash)

derselbe:
Schlüsselworte zum Tarot. Das Einstiegsbuch mit vielen Legearten.
München 1999 (Goldmann)

derselbe:
Tarot und die Reise des Helden. Der mythologische Schlüssel zu den Großen Arkana.
München 1997 (Kailash)

derselbe:
Tarot – Deutungsbeispiele.
München 1999 (Goldmann)

derselbe mit Elisa Hemmerlein:
Tarot als Wegbegleiter. Der zuverlässige Ratgeber für den „nächsten Schritt".
München 1999 (Goldmann)

Erich Bauer:
Tarot fürs Business. Uralte Weisheit im modernen Berufsleben.
München 1997 (Heyne)

Evelin Bürger und Johannes Fiebig:
Tarot – Wege des Glücks. Die Bildersprache des Waite-Tarot-neu entschlüsselt.
Königsförde 1993 (Königsfurt)

dieselben:
Tarot für Einsteiger/innen. 7.Aufl.
Königsförde 1999 (Königsfurt)

dieselben:
Tarot-Praxis. Mit 122 Legemustern.
Königsförde 1995 (Königsfurt)

dieselben:
Das kleine Buch der Tarot-Legemuster.
Königsförde 1998 (Königsfurt)

Marlies Burghardt:
Tarot-Praxis. Mit Lebensbaum, Symbolverzeichnis und Übungen für Rider-Waite-Karten und Crowley Karten.
München 1995 (Knaur)

Italo Calvino:
Das Schloß, darin sich Schicksale kreuzen.
München 1994 (dtv)

Faye Corello:
Tarot-Schule der Emotionalen Intelligenz.
Bern – München – Wien (Scherz/Integral)

Ulrike Dahm:
Abenteuer Tarot.
München 1992 (Heyne)

Alfred Douglas:
Ursprung und Praxis des Tarot.
Köln 1986 (Diederichs)

derselbe mit Arthur E. Waite und Ulrike Dahm (Hrsg.):
Das große Buch des Tarot.
München 1997 (Heyne)

Evelyne und Terry Donaldson:
Tarot. Was Sie wirklich darüber wissen müssen.
München 1997 (Goldmann)

Johannes Fiebig:
Tarot – Andere Wege im Alltag.
Bonn 1987 (Verlag Kleine Schritte)

derselbe:
Tarot-Quelle der Weisheit.
Bern – München – Wien 1997 (Scherz/Integral)

Luisa Francia:
Hexentarot. Traktat gegen Macht und Ohnmacht. Neuaufl.
Zürich o. J. (Stechapfel)

Roland Gessler:
Tarot. Botschaften aus dem Verborgenen.
Güllesheim 1997 (Silberschnur)

Karen Hamaker-Zondag:
Tarot als Lebensweise.
Königsförde 1998 (Königsfurt)

Stuart R. Kaplan:
Klassischer Tarot. Geschichte, Deutung, Legesysteme.
Neuhausen 1998 (Urania)

Hans-Dieter Leuenberger:
Schule des Tarot I. Das Rad des Lebens.
Freiburg 1997 (Bauer)

derselbe:
Schule des Tarot II. Der Baum des Lebens.
Freiburg 1997 (Bauer)

derselbe: Schule des Tarot III. Das Spiel des Lebens. Freiburg 1997 (Bauer)

derselbe:
Tarot. Kurz und praktisch.
Freiburg 1995 (Bauer)

Bernd A. Mertz:
Tarot. Die Deutung der Großen Arkana.
Niedernhausen 1998 (FALKEN)

Manfred Miethe:
Magier und Herrscherin. 22 Tarot-Geschichten.
Königsförde 1998 (Königsfurt)

Mario Montano:
Poker mit dem Unbewussten. Praxis des Intuitiven Tarot.
Freiburg 1990 (Bauer)

derselbe:
Tarot. Spiel des Lebens.
Neuhausen 1995 (Urania)

Hartmut Müller:
Spiel Tarot Spiel Leben. Neuaufl.
Berlin 1985 (Simon + Leutner)

Heidemarie Pielmeier und *Markus Schirner:*
Tarot-Welten. 78 neue Legemethoden für Anfänger und Fortgeschrittene.
Darmstadt 1995 (Schirner)

Rachel Pollack:
Tarot. 78 Stufen der Weisheit.
München 1985 (Knaur)

dieselbe:
Das Tarot-Übungsbuch.
München o. J. (Knaur)

Belinda Rodick:
Das Tarot-Lexikon. Grundbegriffe und Schlüsselworte zu Symbolik und Deutung.
München 1998 (Delphi bei Droemer Knaur)

Peter Schöber-Paweska:
Das Rider-Waite-Tarot-Handbuch. Eine umfassende Anleitung zum Kartenlegen und Deuten psychologischer, partnerschaftlicher, beruflicher, spiritueller und anderer Aspekte.
Aitrang 1996 (Windpferd)

Arthur E. Waite:
Der Bilderschlüssel zum Tarot.
Waakirchen 1978 (Urania)

Gayan S. Winter mit Wulfing von Rohr:
Tarot der Liebe.
München 1997 (Heyne)

Bernd B. Ziegler:
Tarot. Spiegel deiner Beziehungen.
Neuhausen 1998 (Urania)

Sehr lesenswert ist auch die Tarot- & Traum-Zeitung, die seit 1998 zweimal jährlich erscheint und im Buchhandel kostenlos erhältlich ist.

Astrologie

Der Widder und die Liebe
ISBN: 3-8068-**1901**-7
Die anderen Sternzeichen dieser Reihe:

1902-5	Stier
1903-3	Zwilling
1904-1	Krebs
1905-X	Löwe
1906-8	Jungfrau
1907-6	Waage
1908-4	Skorpion
1909-2	Schütze
1910-6	Steinbock
1911-4	Wassermann
1912-2	Fisch

Liebeshoroskope für Verliebte: Wer mehr über seinen Partner oder die Partnerin erfahren will, bekommt hier das Charakterbild der Erwählten analysiert und die Beziehungschancen dargestellt – einfühlsam, liebevoll und nicht mit astrologischen Begriffen überfrachtet.

Alle Bücher haben 80 Seiten, sind durchgehend vierfarbig, gebunden und kosten **DM 14,90**.

Liebes-Horoskop
Von W. Noé – 120 S., kartoniert
ISBN: 3-635-**60297**-3
Preis: DM 12,90

Die Sterne prägen die erotische Anziehung und sie können der Schlüssel zu tieferer Einsicht in Bezug auf sexuelle Bedürfnisse und Vorlieben sein. Dieser astrologische Ratgeber zeigt Ihnen den Weg zu einer befriedigenden und erfüllten Partnerschaft. Finden Sie heraus, bei welcher Sternzeichenkombination prickelnde Erotik sich von selbst einstellt und bei welcher mehr Verständnis und Toleranz nötig sind.

Der immerwährende Kalender der Mondkraft
Von S. Heideweg – 160 S., kartoniert
ISBN: 3-635-**60301**-5
Preis: DM 14,90

Die Kraft des Mondes wirkt und hilft. Wie Sie davon im täglichen Leben am besten profitieren, verrät Ihnen dieser Ratgeber.

Kraft der Sonne, Kraft des Mondes
Von S. Heideweg – 208 S., kartoniert
ISBN: 3-635-**68009**-5
Preis: DM 29,90

Im Einklang mit Sonne und Mond leben – Dieser astrologische Ratgeber bietet eine umfassende Orientierungshilfe für die Zeitplanung mit den kosmischen Kräften im Alltag.

Chinesisches Horoskop
Von G. Haddenbach – 88 S., kartoniert
ISBN: 3-635-**60006**-7
Preis: DM 9,90

Im uralten chinesischen Horoskop steht jedes Jahr unter dem Zeichen eines von insgesamt 12 Tieren, die Charakter und Schicksal des Menschen beeinflussen.
In diesem Buch finden Sie Antworten zu Charakter, Liebe und Schicksal.

Astrologie und Gesundheit
Von J. Rachlitz – 140 S., kartoniert
ISBN: 3-635-**60194**-2
Preis: DM 14,90

Mit diesem Ratgeber wecken Sie Ihre Selbstheilungskräfte. Erfahren Sie, was das persönliche Horoskop über Ihre psychische und körperliche Disposition aussagt und wie Sie Krankheiten als Chancen zur Kurskorrektur erkennen.

FALKEN

Stand der Preise: 1.6.1999. Änderungen vorbehalten

Das Horoskop der Druiden
Von C. Ludwig – 144 S., kartoniert
ISBN: 3-635-**60335**-X
Preis: DM 16,90

Das Horoskop der keltischen Druiden ist eine Verbindung aus Naturhoroskop und praktischer Psychologie, das die Menschen mit Bäumen vergleicht. Dieser Ratgeber verrät Ihnen, welchem Baum Sie ähneln und wie Sie Ihre Potentiale besser nutzen können.

Pendeln
Von N. Schreiber – 112 S., kartoniert
ISBN: 3-635-**60332**-5
Preis: DM 12,90

Pendeln kann ein faszinierendes Werkzeug für die Bewältigung des Alltags sein. Dieses Buch gibt Anleitung für eine intuitive Nutzung des magischen Pendelns, sei es zur Selbsterkenntnis oder für konkrete Probleme.

Lexikon der Esoterik
Von W. Bogun, N. Straet – 304 S., kartoniert
ISBN: 3-635-**60430**-5
Preis: DM 19,90

Endlich Antworten auf über 700 Fragen zu klassischen und aktuellen esoterische Themen. Dieses Lexikon bietet eine Fülle von Wissen zu Esoterik, Astrologie, Spiritualität und Ganzheitsmedizin.

Nostradamus – Prophezeiungen für das 21. Jahrhundert
Von M. Dimde – 160 S., kartoniert
ISBN: 3-635-**60437**-2
Preis: DM 16,90

Was erwartet die Menschheit nach der Jahrtausendwende? Der Nostradamus-Experte Manfred Dimde entschlüsselt mit seinem Decodierungssystem die geheimen Botschaften des berühmten Visionärs und Astrologen aus dem 16. Jahrhundert. Die neuesten Erkenntnisse über die Vorhersagen zu Lebensqualität, Wohlstand, Krieg und Frieden u.a. weisen auf den Beginn einer neuen Zivilisation im 21. Jahrhundert hin.

Unerklärlich!
Von J. Clark – 224 S., kartoniert
ISBN: 3-635-**68006**-0
Preis: DM 29,90

Geisterlichter, UFOs und Riesenkraken:
Es gibt sie doch, die unerklärlichen Phänomene. Ein bestinformierter Wissenschaftler erläutert Erklärungsversuche für mysteriöse Beobachtungen.

Die Kunst, in Gesichtern zu lesen
Von C. An Kuei – 160 S., kartoniert
ISBN: 3-635-**68020**-6
Preis: DM 24,90

Der entlarvende Blick, wer möchte den nicht beherrschen? Dieser Ratgeber gibt tiefe „Einblicke" in die chinesische Gesichtlesekunst Siang mien und zeigt, wie man einzelne Gesichtsmerkmale deuten kann.

Natürlich heilen

Schüßler-Salze
Von A. Rückert – 128 S., kartoniert
ISBN: 3-635-**60518**-2
Preis: DM 14,90

Der menschliche Organismus braucht Mineralstoffe und Spurenelemente, um reibungslos zu funktionieren. Dieses Buch informiert Sie über die Anwendung der Schüßler-Salze, in denen die Zellnährstoffe enthalten sind.

Einheimische Blütenessenzen
Von U. Rückert – 144 S., kartoniert
ISBN: 3-635-**60520**-4
Preis: DM 14,90

Nutzen Sie die Heilkraft von Blütenessenzen für die Harmonie von Körper, Seele und Geist. Neben den bekannten Bachblüten sind inzwischen eine Vielzahl weiterer Essenzen entstanden, die helfen, Beschwerden zu lindern, Seelenblockaden zu lösen und schwierige Situationen zu meistern.

Die sagenhafte Heilkraft der Papaya
Von H. W. Tietze – 80 S., kartoniert
ISBN: 3-635-**60396**-1
Preis: DM 12,90

Schon lange ist den Naturvölkern die Heilkraft der Papaya bekannt. Sie wirkt gegen Infektionen, als Beruhigungs- und Stärkungsmittel. Auch bei Krebserkrankungen wird ihr heilende Wirkung nachgesagt.
In diesem Ratgeber erfahren Sie mehr über die Papaya und ihr Konzentrat.

Tomate – Power für die Gesundheit
Von L. und A. Waniorek – 96 S., kartoniert
ISBN: 3-635-**60519**-0
Preis: DM 12,90

Mit der Tomate gegen Herzinfakt und Krebs? Aus den USA kommt die sensationelle Kunde, dass unser beliebtes Gemüse nicht nur gut schmeckt, sondern auch überaus gesund ist. Das praktische Krankheits-ABC und die 30 wirksamen und leckeren Rezepte machen dieses Buch zu einem hilfreichen Gesundheitsratgeber rund um die Tomate.

Teebaumöl für Gesundheit und Schönheit
Von S. Poth – 80 S., kartoniert
ISBN: 3-635-**60344**-9
Preis: DM 12,90

Teebaumöl wird wegen seiner guten Wirksamkeit geschätzt, es ist vielseitig und gut verträglich. Dieses FALKEN Taschenbuch beschreibt fundiert die verschiedenen Therapien und Anwendungen.

Grüner Tee
Von C. Teufl – 80 S., kartoniert
ISBN: 3-635-**60150**-0
Preis: DM 14,90

Grüner Tee ist ein feiner und zugleich heilsamer Genuss. Dieser Ratgeber stellt die verschiedenen Grünteespezialitäten vor und informiert Sie über die richtige Zubereitung, die Inhaltsstoffe und die Heilwirkungen.

FALKEN

Stand der Preise: 1.6.1999. Änderungen vorbehalten

Hochzeit feiern

Märchenhochzeit
Von A. Körner, C. Ziegler – 216 S., gebunden
ISBN: 3-8068-**7360**-7
Preis: DM 39,90

Der schönste Tag im Leben zweier Menschen ... Dieses Buch bietet Ihnen zahlreiche Tipps und Ratschläge für die individuelle Gestaltung rund ums Hochzeitsfest, damit Ihr Auftakt zur Ehe ein ganz besonderer wird.

Wir heiraten
Von S. Lippe – 160 S., gebunden
ISBN: 3-8068-**7451**-4
Preis: DM 39,90

Wer eine Traumhochzeit erleben möchte, an die sich alle noch nach Jahren erinnern, der muss rechtzeitig mit der Planung beginnen. Dieser Hochzeits-Ratgeber hilft dabei und bietet zahllose originelle Ideen und Anregungen.

Ideen rund ums Hochzeitfest
Von A. Wilke, B. Haß, S. Seyffert – 128 S, kartoniert
ISBN: 3-8068-**2075**-9
Preis: DM 19,90

Alles, was Freunde und Verwandte tun können, damit der Start in die Ehe ein wirklich unvergessliches Fest wird: spannende Überraschungen, witzige Verpackungen für Geldgeschenke, liebevolle Mitbringsel, „Gestaltungsvorschläge" für die Wohnung des Brautpaares, tolle Fotoideen – und natürlich die Hochzeitszeitung.

Hochzeitsplaner
Von H. A. Augst – 128 S., kartoniert
ISBN: 3-635-**60556**-5
Preis: DM 14,90

Der ultimative Hochzeitsratgeber, der dafür sorgt, dass an alles gedacht und kein Termin versäumt wird. Zahlreiche Checklisten und viele erprobte Tipps zum Zeitsparen helfen bei der Vor- und Nachbereitung. Auf dem Weg zur unvergesslichen Hochzeit ohne Panik und Stress.

Neue Hochzeitsreden
Von S. Harland – 112 S., kartoniert
ISBN: 3-635-**60158**-6
Preis: DM 12,90

Mit diesem Buch kann bei der Hochzeitsrede nichts mehr schief gehen! Eine kleine Redner-Schule gibt viele praktische Rede-Tipps, und zahlreiche moderne Musterreden liefern Ideen für Ansprachen zu verschiedensten Situationen und Feiern.

Hochzeitszeitungen texten und gestalten
Von H. J. Winkler – 120 S., kartoniert
ISBN: 3-635-**60155**-1
Preis: DM 12,90

Durch eine Festzeitung bleibt jedem Teilnehmer die Hochzeit noch lange in positiver Erinnerung. Außerdem tragen die veröffentlichten Begebenheiten, Glückwünsche und Fotos später zur Erheiterung bei. Dieses Buch bietet Ihnen eine Schritt-für-Schritt-Anleitung für die redaktionelle und drucktechnische Erstellung Ihrer Zeitung.

FALKEN

Mutter und Kind

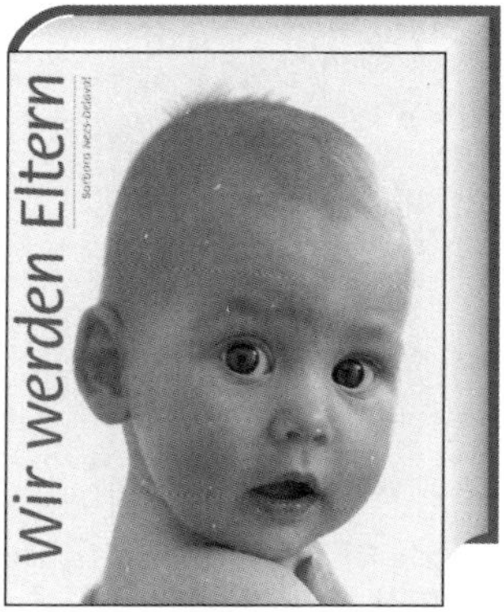

Wir werden Eltern
Von B. Nees-Delaval – 416 S., gebunden
ISBN: 3-8068-**7353**-4
Preis: DM 39,90

Von der Familienplanung bis zum Schulbeginn reicht die Themenpalette dieser Ratgeberreihe für Eltern und solche, die es werden wollen. Schwerpunkte sind Schwangerschaft und Geburt, Pflege, Entwicklung und Erziehung.

Weitere FALKEN ElternRatgeber:

1254-3	Ich bekomme ein Baby
2152-6	Gesunde Ernährung für Schwangere
2154-2	Liebe geben, Grenzen setzen
0531-8	Das Babybuch
1999-8	Stillen
2055-4	Babyfitness
1612-3	Mein Baby entdeckt die Welt
4953-6	Was Dein Kind Dir sagen will
7358-5	Schön in der Schwangerschaft
2053-8	Babypflege
7316-X	Wenn Kinder krank werden
2054-6	Gesunde Ernährung für Babys
2155-0	Vornamen mit Tradition
7380-1	Das große FALKEN Babybuch
2114-3	Sanfte Hilfe für Kinder: Homöopathie
1646-8	Mein Kind hat Neurodermitis
1873-8	Babyschwimmen
7417-4	Willkommen mein Baby
4884-X	Das erste Jahr mit dem Baby
1874-6	Das Geschwisterchen kommt

Unsere schönsten Vornamen
Von A. F. W. Weigel – 144 S., kartoniert
ISBN: 3-635-**60372**-4
Preis: DM 14,90

Der Ratgeber hilft Ihnen bei der Auswahl der schönsten Namen für Ihr Baby und gibt Tipps, worauf bei der Namenswahl zu achten ist. Außerdem erhalten Sie Informationen über Ursprung und Bedeutung der Namen sowie fremdsprachige Namensformen.

Die Kunst des Stillens
Von Prof. Dr. med. E. Schmidt, S. Brunn – 110 S., kartoniert
ISBN: 3-635-**60084**-9
Preis: DM 14,90

Durch Stillen können Sie Ihr Kind gesund und natürlich ernähren. Dieser kompetente Ratgeber gibt praktische Anleitungen und Gesundheitstipps für werdende und bereits stillende Mütter.

Rückbildungsgymnastik
Von H. Höfler – 112 S., kartoniert
ISBN: 3-635-**60062**-8
Preis: DM 12,90

Was geschieht im Körper der Mütter in den ersten Wochen nach der Geburt?
Dieses Buch gibt Antwort auf diese Frage und das abwechslungsreiche Übungsprogramm zeigt, wie jede Frau durch eine gezielte Gymnastik die Rückbildungsprozesse ihres Körpers fördern kann.

FALKEN

Stand der Preise: 1.6.1999. Änderungen vorbehalten

Feste feiern

Gästebuchverse, Trinksprüche, Richtsprüche
Von D. Kellermann – 96 S., kartoniert
ISBN: 3-635-**60121**-7
Preis: DM 9,90

Sie müssen unverhofft einen Trinkspruch vortragen oder sich in einem Gästebuch verewigen? In diesem Buch gibt es eine Fülle von Beispielversen und Anregungen für formvollendete Wünsche und Danksagungen.

Geburtstag feiern
Von S. Harland – 128 S., kartoniert
ISBN: 3-635-**60131**-4
Preis: DM 14,90

In diesem Ratgeber finden Sie neben wertvollen Tipps zur Organisation auch zahlreiche Anregungen zur individuellen Gestaltung.

Geburtstagsfeste mitgestalten
Von A. Wilke, B. Haß – 96 S., kartoniert
ISBN: 3-8068-**1876**-2
Preis: DM 16,90

Einmalige Geburtstage mit originellen Ideen sind mit Hilfe dieses Ratgebers kein Problem mehr. Lassen Sie sich überraschen!

Kindergedichte für Familienfeste
Von B. H. Bull – 96 S., kartoniert
ISBN: 3-635-**60491**-7
Preis: DM 12,90

Ob zum Muttertag, zum Valentinstag oder zum Nikolaus, dieses Buch bietet mit unzähligen Gedichten einen wertvollen Fundus für Kinder und Erwachsene.

Reden und Vorträge zu runden Geburtstagen
Von H. Erfurt – 120 S., kartoniert
ISBN: 3-635-**60535**-2
Preis: DM 12,90

Ob im kleineren oder größeren Rahmen, zu Hause, im Verein oder in der Firma – dieses Buch hält Musterreden für jede Feier bereit. Mit der kleinen Rednerschule und den vielen Tipps und Tricks werden Sie zum Profi.

Die neue Glückwunschfibel
Von R. Christian-Hildebrandt – 106 S., kartoniert
ISBN: 3-635-**60031**-8
Preis: DM 9,90

Dieses Buch enthält eine Vielzahl von Glückwünschen in Versform und in Prosa für die Feste im Laufe eines Jahres.

Einladungen texten und gestalten
Von R. Zey, A. Bellingen – 80 S., kartoniert
ISBN: 3-635-**60074**-1
Preis: DM 9,90

Mustereinladungen mit Pfiff und viele Ideen zur Gestaltung der verschiedensten schriftlichen Einladungen.

Reden für Familienfeiern
Von G. Kunz – 112 S., kartoniert
ISBN: 3-635-**60281**-7
Preis: DM 12,90

Dieser Ratgeber enthält zahlreiche Musterreden zu allen Anlässen und gibt wertvolle Tipps zum Aufbau, Stil und Vortrag, damit Sie Ihre Rede unbefangen und mit Bravour vortragen können.

Erfolg im Beruf

Erfolgreich im Management
Von M. Peel – 224 S., kartoniert
ISBN: 3-8068-**7329**-1
Preis: DM 39,90

Erfolg im Management setzt ein ganzes Bündel von Kenntnissen und Fähigkeiten voraus: Planung, Organisation, Durchführung, Kontrolle. Wer sich im Management beweisen will, sollte daher zu dieser praxisbezogenen Einführung greifen.

Basiswissen für Führungskräfte
Von G. P. Rabey – 200 S., kartoniert
ISBN: 3-8068-**7330**-5
Preis: DM 39,90

Wer einen Karrieresprung geschafft hat, sieht sich vor eine Fülle neuer Aufgaben gestellt: Teamführung, effektive Arbeitsorganisation, Steigerung von Qualität und Produktivität. Wie Sie dabei den Überblick behalten und alle Klippen umschiffen, zeigt Ihnen ein Management-Profi.

Das souveräne Verhandlungsgespräch
Von J. Hodgson – 208 S., kartoniert
ISBN: 3-8068-**7362**-3
Preis: DM 39,90

Wie geht man erfolgreich mit schwierigen Kunden um? Wie setzt man sich in Meetings durch? Wie führt man „unerfreuliche" Gespräche mit Mitarbeitern? Dieser Business-Ratgeber verrät die besten Gesprächstaktiken für Ihren beruflichen Alltag.

Selbstständigkeit und freie Mitarbeit
Von T. Hammer, W. Kiefl – 144 S., kartoniert
ISBN: 3-8068-**1891**-6
Preis: DM 19,90

Berufliche Selbstständigkeit und freie Mitarbeit eröffnen für viele Menschen neue Chancen. Dieses Buch hilft, den Schritt in die Selbstständigkeit sorgfältig zu planen, die persönlichen Voraussetzungen zu prüfen und die Möglichkeiten der staatlichen Förderungen richtig auszunutzen.

Praxis-Handbuch Existenzgründung
Von W. Lippert – 304 S., kartoniert
ISBN: 3-8068-**7384**-4
Preis: DM 39,90

Dieser umfassende Ratgeber zeigt Ihnen, wie Sie ihr eigener Chef werden. Er bietet umfassenden Rat und praxisnahe Anleitungen und hilft, das Risiko zu kalkulieren, sinnvoll zu planen und die richtigen Entscheidungen zu treffen.

Körpersprache und Berufserfolg
Von Dr. C. Topf – 160 S., kartoniert
ISBN: 3-8068-**2069**-4
Preis: DM 29,90

Ein „guter Auftritt" ist entscheidend. Der Gesprächspartner muss als Person überzeugen, dann glaubt man ihm auch seine Rede. Dieses Buch erläutert die „Vokabeln" der Körpersprache und zeigt, wie man selbstbewusst und souverän auftritt.

FALKEN

Stand der Preise: 1.6.1999. Änderungen vorbehalten